発達が気になる子どもの
療育・発達支援入門

目の前の子どもから学べる専門家を目指して

市川奈緒子・岡本仁美 編著

金子書房

まえがき

　私が心理職を漠然と意識し始めたのは中学生のころでした。志もなく，ただ漫然と生きていましたので，なんとなく心理学科に進んだ私でしたが，心理職をあきらめようかと思っていたちょうどそのころに，偶然の重なりから障害を持つと言われるお子さんとそのおかあさまとの出会いがありました。そこで，なんとなく選んだ「心理職への道」が，将来そのかたがたの役に立つところにつながるかもしれないことを知って人生が変わりました。
　でも私が毎日療育というものをやっていたとき，考えていたことはあまり「心理学的」なことではなく，「～ちゃんにもっと楽しく遊んでもらえるには？」とか，「〇〇ちゃんのおかあさまが〇〇ちゃんと一緒にいて楽しいと思ってもらえるには？」などの，たくさんの「？」を解決すべく，自分と仲間でできることをあの手この手でやってきた何年間でした。心理職だからこうするという発想はなく，ひとりの人間，ひとりの生活者としてできることは何でも！という気持ちでしたし，そうした自由なやり方を認めてもらえる職場でもありました。だからこそなのでしょうか，療育にどっぷりつかっていたあのころから，自分自身は少し離れてしまったけれど，スーパーバイザーとしていろいろな療育現場に行かせていただくようになった現在に至るまで，私の中では「支援とは何か」「役に立つ療育とは」などの疑問が変わらず流れています。この本は，実はそうした私の疑問から生まれた，「本当に目指すべき療育・発達支援とは何か」ということを，私の尊敬する療育仲間のかたがたのお力を借りて追究したものです。そしてまた，インクルーシブな社会に向けて，今後の療育・発達支援の役割と可能性を模索したものでもあります。この本が，私を形作ってくださった多くのお子さん方と保護者のかたがた，そして，療育・発達支援の現場で日々格闘しておられるかたがたへ感謝とエールの気持ちを届けてくれればと思っています。

2018年8月
　　抜けるような夏空のもとで

　　　　　　　　　　　　　　　　　　　　　　　編著者　市川奈緒子

目　次

まえがき　*i*

第1章　療育・発達支援とは何か
――「障害」と「療育・発達支援」の基本的な概念

1. 療育・発達支援とは何か　*1*
2. 現在の子どもの療育・発達支援の場とその課題　*5*
3. 何のための療育・発達支援なのか　*9*
4. 各障害種について　*10*
   - (1) 知的障害（知的発達障害・知的能力障害・精神遅滞）　*10*
   - (2) 学習障害（限局性学習症・限定学習症：LD，SLD）　*12*
   - (3) 注意欠如多動症（注意欠陥多動性障害：ADHD）　*14*
   - (4) 自閉スペクトラム症・自閉症（自閉症スペクトラム障害：ASD，広汎性発達障害：PDD）　*16*
   - (5) 視覚障害　*18*
   - (6) 聴覚障害　*20*
   - (7) 肢体不自由　*22*
   - (8) 重症心身障害　*23*

第2章　療育・発達支援に必要なアセスメントの基本とチームアプローチ

1. 療育・発達支援に必要なアセスメント　*27*
2. チームアプローチの重要性　*36*

第3章　療育・発達支援に関わる職種とその役割

1　心理職（心理士）　　40
2　作業療法士（OT）　　46
3　言語聴覚士（ST）　　51
4　理学療法士（PT）　　56
5　視能訓練士　　59
6　医師　　62
7　社会福祉士　　67

第4章　アセスメントから個別の児童発達支援計画
——個別支援からグループ支援へ

1　児童発達支援計画の作成　　72
2　児童発達支援計画の実際　　74
3　児童発達支援計画の見直し（評価）　　76
4　集団生活における課題についての柔軟な対応計画　　77
5　個別支援からグループ支援へ　　79

第5章　さまざまな支援技法

1. 支援方法・技法というものの使い方・考え方　*82*
2. それぞれの支援方法について　*85*
   (1) TEACCHプログラム　*85*
   (2) 感覚統合（SI）理論　*92*
   (3) 拡大・代替コミュニケーション（AAC）　*97*
   (4) ソーシャルスキルトレーニング（SST）　*103*
   (5) モンテッソーリ教育　*108*

第6章　保育士・児童指導員の専門性と生活場面・遊び場面での療育・発達支援

1. 療育・発達支援における保育士・児童指導員の専門性　*121*
2. 集団での生活や遊びの場面における役割　*122*
3. 集団での療育・発達支援の実際　*132*

第7章　療育・発達支援における家族支援

1. 療育・発達支援機関にたどり着くまで……家族の「これまで」を知る　*142*
2. 療育・発達支援機関における保護者支援・家族支援　*148*
3. 親子通所の意義　*156*

第8章　療育・発達支援機関における就学支援

1　保護者にとっての就学の持つ意味　*160*
2　保護者支援の一環としての就学支援　*162*

第9章　他機関連携と地域支援

1　インクルーシブな地域作りを目指して　*166*
2　地域の他機能の機関にアクセスする　*172*

第10章　おわりに
　　　　──定型発達児も視野に入れた療育・発達支援のために

1　一人一人が違うことが前提の発達支援　*177*
2　インクルーシブ保育を支える療育・発達支援機関の役割　*179*
3　インクルーシブ保育に関わる専門職としての支援の実際　*180*

あとがき　*191*

第1章

療育・発達支援とは何か
—— 「障害」と「療育・発達支援」の基本的な概念

1 療育・発達支援とは何か

(1) 「障害」の概念

 そもそも「障害」とは何でしょうか。「障害」についてまったく知らないひとはあまりいないと思いますが,しかし,「障害」を説明しようとするとかなり難しいことに気づかされます。
 一般的には,「障害」とは心身に何らかの不具合があり,そのために生活がしにくくなることと考えられていると思いますが,そうするとその生活のしにくさはすべて「何らかの不具合」が原因ということになります。しかし,たとえば一般的には「ろう(聾)」のひとは障害者とみなされていますが,もしろうのひとばかりの社会であれば,少なくともろうは「障害」とはみなされないでしょうし,ろうのために生活がしにくいという社会にはならないでしょう。つまり,当たり前に「障害」とみなされてきたものは,実はこの社会の中では「少数派」であるためにそうされてきたとも考えられます。一方,たとえば世の中にコンタクトや眼鏡がないと見えづらくて不便というひとはたくさんいますが,そのひとたちを総じて「視覚障害者」とは言いません。しかし,その視力がさらに低下し,生活の中で何らかの不便を感じたり社会的な配慮が必要になると「視覚障害」の枠

に入ってくるでしょう。つまり，今現在「障害」とみなされているものは，数が多いか少ないかや，どの程度かという問題が同時に含まれているものであって，実は「障害」と「健常」といわれる状態とは大きな隔たりのないものであるということに気づかされます。

また，「障害」には医学（医療）モデルとしての「障害」と社会モデルとしての「障害」があります。医学モデルは，「障害」は個人に帰属するものであり，治療や訓練で軽減すべきものであるという考え方です。社会モデルは，その個人が社会の中で生きていく上で障害となるものが社会に存在しているとする考え方です。たとえば，脳性麻痺で歩けない状態を「障害」ととらえ，その子どもを訓練してできるだけ自力歩行の方向にもっていこうとすることが医学モデルの考え方であり，その子どもが生活する上で不便のないように身の回りの段差をなくしたり，生活に必要な器具を備えようと考えるのが社会モデルの考え方です。これらは「障害」を持つと言われるひとたちの支援を考える上でどちらも大切なものです。

世界保健機関（WHO）は障害の医学モデルと社会モデルを統合した国際生活機能分類（ICF）を作成しました（図1-1）。これは，「障害」概念を「生活機能」，つまりその個人が自分の心身に変調または病気をかかえつつ，社会にいかに参画するか，そのために社会の側に必要なものは何か

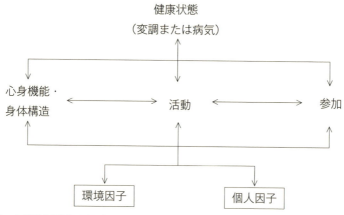

図1-1　国際生活機能分類（ICF）

という視点で整理したものです。図の「心身機能・身体構造」が医学モデルにおける「障害」に該当します。その「心身機能・身体構造」で、「活動」（生活の上での機能）として何ができるか、「参加」（社会的な活動にどのように参加していけるか）ということを総合して考え、そこに影響するものとして、「環境因子」と「個人因子」を整理したものです。この全体像を描くことで、個人と環境にどのように働きかけたらこのひとは何ができるようになるのか、というプラスの視点で個人の可能性や支援を考えられるようになりました。

(2) 「療育」の概念

以上の「障害」概念の広がりを踏まえた上で「療育」「発達支援」の概念について見てみましょう。

「療育」ということば（概念）が作られたのは1942年、日本で初めて肢体不自由児のための療育施設（整肢療護園・現在の心身障害児総合医療療育センター）を立ち上げた高木憲次によってであると言われています。その当時、「療育」は、「現代の科学を総動員して不自由な肢体をできるだけ克服し、それによって幸いにも復活した肢体の能力そのものをできるだけ有効に活用させ、以て自活の途の立つように育成させること」と定義されました。つまり、最初に定義された「療育」とは、肢体不自由児の自活を目的とした、有効な機能訓練による障害の軽減、つまり現在で言うリハビリテーションの理念として唱えられたものでした。

1978年に開設された北九州市立総合療育センターの初代所長となった高松鶴吉は、その著書『療育とはなにか』（1990年）の中で、「療育とは注意深く特別に設定された特殊な子育て」であると定義し、その対象も肢体不自由児だけでなく、すべての障害を持つ子どもに広げました。彼はまた、障害を持つ子どもとその家族が地域のネットワークの中で適切に支援を受けるための地域療育システムの重要性を説いており、先達の思想を踏まえて現在の「療育」「発達支援」の基礎を築いたひとと言えるでしょう。

高木の時代には、障害と言えばまだ「医療モデル」における障害であり、それは個人を治療訓練して軽減すべきものであるととらえていま

したが，高松は障害を医療モデルと社会モデルの両側面からとらえており，療育もその両側面にアプローチするものであることが明確化されています。「特殊な子育て」と明文化されているように，そのころから療育における家族支援の重要性も大きく取り上げられるようになってきていました。

(3) 「発達支援」の概念

「発達支援」の概念そのものはより古くからあったと思われますが，公式に発達支援概念と発達支援センター構想が提唱されたのは，2005年の「障害児通園施設の機能統合に関する研究」（代表研究者：宮田広善）の報告の中でした。

知的障害，肢体不自由，難聴幼児通園に当時の児童デイ事業も加わった全国発達支援4通園連絡協議会から立ち上げられた全国児童発達支援協議会（CDS-Japan）による「発達支援」の定義は以下のようになっています。

> 「障害のある子ども（またはその可能性のある子ども）が地域で育つ時に生じるさまざまな課題を解決していく努力のすべてで，子どもの自尊心や主体性を育てながら発達上の課題を達成させ，その結果として，成人期に豊かで充実した自分自身のための人生を送ることができる人の育成（狭義の発達支援），障害のある子どもの育児や発達の基盤である家庭生活への支援（家族支援），地域での健やかな育ちと成人期の豊かな生活を保障できる地域の変革（地域支援）を包含した概念」（『発達支援の指針』2016年改訂版）

「療育」はその成り立ちから，「治療」のニュアンスが含まれがちであり，一方「発達支援」は「支援」ということばが入っているために，「助けられている」「特別な支援を受けている」というニュアンスが加わりがちかもしれません。言うまでもなく，「療育」にしても「発達支援」にしても，子どもと家族の当たり前の権利を保障するものであって，そこにはほかのひとにはもたらされない特別な恩恵などはあるはずはありません。「支援」ということばがこの社会において特別な計らいや恩恵であるかのようなニ

ュアンスを与えないようにと願います。

2 現在の子どもの療育・発達支援の場とその課題

(1) 児童発達支援センター・児童発達支援事業所と放課後等デイサービス

　かつては知的障害児通園施設や肢体不自由児通園施設という名前で，障害別に通所支援をおこなっていた施設が，2012年の児童福祉法の改正で，障害児別の垣根がなくなり，それまで知的障害や難聴幼児を対象としてきた通園施設が「福祉型児童発達支援センター」として，それまで肢体不自由児や重症心身障害児を対象としてきた通園施設が「医療型児童発達支援センター」として，それぞれ新たな機能も備えて再出発しました。児童福祉法はこれらのセンターの機能の柱を，「日常生活における基本的な動作の指導，知識技能の付与，集団生活への適応訓練」であるとし，医療型児童発達支援センターはその機能プラス治療をおこなうとしています。

　児童発達支援センターは，都道府県が定める施設設備や運営の基準を満たすもので，嘱託医のほか，児童指導員，保育士，栄養士，調理員，そして必要に応じて機能訓練等を担当する作業療法士（OT），理学療法士（PT），言語聴覚士（ST）（第3章参照）などの人員配置がされており，通所児以外の子どもと家族を対象とする相談支援や，地域の発達支援の推進役としての役割も担っています。

　児童発達支援事業所は，その柱となる機能はセンターと同様ですが，都道府県の設置基準を満たさない小規模の地元密着型の施設で，通所児とその家族に対するサービスが中心です。以前は，自治体や自治体の社会福祉協議会などがおこなっていた児童デイサービスが移行したもののほか，新制度になってから，続々と新しい事業所が立ち上がっています。なお，2012年の児童福祉法改正に伴い，障害児支援の強化が謳われ，センターと事業所の数については，センターは概ね人口10万人規模に1か所，規模の小さい市町村においても，最低でも1か所設置，事業所は障害のあ

る子どもが通いやすい範囲，たとえば中学校区などに1か所設置が目指されていますが，まだまだ遠い目標となっています。

児童発達支援センターも児童発達支援事業所も，基本的には就学前の子どもたちが通所するところです。またその通園形態は，子どものニーズや幼稚園・保育園などとの連携の有無によって異なり，毎日通園する場合，保育園などとの並行通園をおこないながら決められた日に通園する場合などがあります。また，センターを中心に，自宅や通っている幼稚園・保育園等で個別の療育が受けられる事業や地域の保育園・幼稚園などがコンサルテーションを受ける事業等もおこなっています。

放課後等デイサービスは，2012年の児童福祉法改正によって，以前の児童デイサービスと以前の重症心身障害児者通園事業のうち，就学している子ども（6歳から18歳まで）を対象として新たに設けられました。児童福祉法では，その柱となる機能は，授業の終了後または休業日に生活能力の向上のために必要な訓練，社会との交流の促進その他の便宜を供与するとされています。

なお，本書では主に就学前の子どもたちの通う児童発達支援センター・児童発達支援事業所を中心にその役割について解説していきたいと思います。それらの機関では，乳幼児期の子どもたちにとって，わかりやすく居心地のよい環境が準備され，個別または小集団の活動の中で楽しく取り組める遊びを中心にプログラムが組まれています（図1-2）。

図1-2　ことばをまだ持たない子どもでも絵カード・写真カードを使うことによって自分の意思を伝えることができる

(2) 現在の児童発達支援が抱える課題

近年,法の整備も含めて飛躍的に整えられてきた児童発達支援の現場ですが,まだまだ課題も大きいようです。ここでは現在の児童発達支援の現場が抱える課題として量の問題と質の問題をあげたいと思います。

① 療育・発達支援の「量」の問題

児童発達支援事業所,放課後等デイサービス事業所は近年大幅に増加しました。その背景のひとつに,2005年の発達障害者支援法の施行以降,「発達障害」の概念が一般にも浸透してきて,これまで「変わった子ども」と思われてきた子どもたちが発達障害の診断を受けたり,保護者が気付いて相談に出向いたりすることが増え,「療育」へのニーズも増加したことがあげられます。文部科学省の全国の公立小中学校の教員を対象にした調査によると,通常学級に発達障害の可能性を持つ児童生徒が6.5％存在するというデータ（文部科学省,2012）が示されており,そうした子どもたちへの支援のニーズが各所で高まっていることが理解されます。

では増加した児童発達支援の現場は,そこに通いたい子どもたちをすべて受け入れることができているのでしょうか。「文部科学統計要覧平成29年度版」によると,2016年度の全国の特別支援学校,特別支援学級に在籍する児童生徒数は356,184人となっており,通常学級に在籍する発達障害の可能性のある児童生徒数は小中合わせて概算で626万人ですが,国民健康保険連合会（国保連）のデータによると,同年度の放課後等デイサービス利用児数は139,718人となっています。就学前の児童発達支援センター・事業所はどうかと言えば,2016年度の児童発達支援センター・事業所に通う乳幼児の数は国保連データによると8万人あまりとなっていますが,先ほどの6.5％というデータから1学年あたりの支援ニーズを持つ子どもの数を概算すると数十万の単位になり,支援ニーズを持つ莫大な数の子どもたちのうち,本当にわずかな子どもだけが児童発達支援を利用していることが理解されるかと思います。「早期発見・早期対応」が叫ばれて久しいにもかかわらず,「発見された子どもの行き場がない」という状況は続いているのです。

② 療育・発達支援の「質」の問題

○療育・発達支援に従事する人材育成の問題

　特別支援学校の教員になるためには，教員免許以外に特別支援学校教員免許がありますが，保育士・児童指導員に関しては，療育・発達支援を専門とするための公的な養成課程や付加的資格がありません。保育者や児童指導員は養成課程の中で障害関係の授業を受けただけで，障害を持つ子どもと会ったこともない状態で，発達支援の現場に配属されてくるということが現実に起こっています。

○療育・発達支援機関の実践の質の確保の問題

　現在では必要な手続きを踏めば，ひとりの子どもが複数の療育・発達支援機関に通うことができます。ですから，それぞれの機関の発達支援の内容をまったく比較検討できない状況にはありません。しかし，前述したように，発達支援の現場には需要と供給のアンバランスがありますから，とにかく通うことができれば幸運だと感じさせられる現実があり，実質的には療育の内容を比較検討して保護者が事業所を選ぶといった余地はあまり残されていません。また，保護者は「療育・発達支援」といったものに初めて出会うのですから，支援の内容とわが子の状態を理解して，療育・発達支援の質を利用者の視点から適切にチェックすることはかなり困難なことです。

　では外部からの質のチェックはどうでしょうか。社会福祉法では，児童養護施設などの養護系の児童福祉施設に関しては，3年に1度以上の第三者評価を受けることが義務付けられていますが，障害児関係の施設に関しては努力義務となっています。日々研鑽を怠らず，OJTのシステムを適切に稼働させながら，質の向上に努めている施設ももちろんありますが，全国一律に支援の質が確保できるシステムになり得ていないところが大きな課題となっています。

3 何のための療育・発達支援なのか

　療育・発達支援は何を目的とするものなのでしょうか。障害の早期発見・早期対応が社会的に大きく叫ばれていますが，障害の芽を早期に見出し，訓練してその芽をつぶし，なるべく「普通」の子どもに近づけることが目的なのでしょうか。

　一部にはそうした方向性を唱えるひとたちもいます。また，実際に生活の多くの時間を使ってさまざまな訓練に通ったり，多くの時間を使う訓練法を唱えるひとたちもいます。

　中にはさまざまな複合的な障害や病気を持ち，その治療のために複数の医療機関や訓練機関に通わないと，当たり前の生活や健康の維持が脅かされる事態もあることでしょう。ですから，一律にこうでなければならないということではないのですが，そうした実態があることも含め，療育・発達支援とは，その子どもが「普通の子ども」に近づくためではなく，その子どもがその子どもらしく，持っている力を環境の中で活かし，でき得る限り地域で当たり前の生活を営み，楽しい毎日を送るためのものではないかと思います。

　哲学者の鷲田清一さんが，「教育において第一になすべきことは，道徳を教えることではなく，人生が楽しいということを体に覚え込ませてやることなのである。」という，永井均さんのことばを紹介しています。このことばを受けて，鷲田さんは，「生きる理由がうまく見つけられない人に，人生が生きるに値するものだと納得させるのは難しい。生きることは楽しいという肯定感が底にないと，自分の人生をしかと肯定できない。」と解説しています（鷲田，2015）。とりわけ社会に生きることの意味や自己の価値が感じにくくなっている昨今，子どもに対する療育・発達支援のなすべきことは，この「自分と自分の人生に対する肯定感」を築くための土台作りをサポートすることなのではないでしょうか。

4 各障害種について

ここでは、療育・発達支援の対象となる子どもたちが持つ障害について、基本的なことを解説します。

(1) 知的障害（知的発達障害・知的能力障害・精神遅滞）

〈知的障害とは〉

知的障害とは、①知的な機能の遅れが見られること　②そのために生活や学習、就労等の社会生活における困難を持つこと　③発達期に表れることを満たす状態を言います。現在法律上は「知的障害」の用語を使いますが、診断的には上記のような別の表記が用いられることがあります。

〈原因〉

原因は大きく分けて、先天的な脳の異常や遺伝性のもの、染色体異常などの先天的な要因、出産時の事故等周産期の要因、その後の病気や事故の後遺症などの後天的な要因の3つに分けられます。ただ、いろいろと調べても原因が明確にならないことも多くあります。

〈診断〉

以前は、発達検査や知能検査の結果の知能指数などの数値により、軽度・中度・重度等と分けられることがありましたが、知的な機能の程度がそのまま生活上の困難に直結するとは限らないことから、知能指数は参考にするものの、その子どもの生活上の困難の方に焦点を当てて診断なり支援がされるようになってきました。知能指数で言えば、およそ70から75以下のときに知的障害があると診断されることが一般的です。

〈子どもの様子〉

最初は歩行やことばなどの遅れに気付かれることが一般的です。しかし、小さい子どもは発達の可塑性が大きいですから、ある時点でどの程度遅れ

があるのかということだけでなく，期間を置きながらその子どもの発達の様相やペースを見ていくことが必要です。知能の遅れが小さい場合，幼児期は遅れが周りから見えにくく，就学してから学習の遅れが見られて気付かれることもあります。ひと口に知的障害と言っても，運動発達の遅れや自閉性を伴うなど合併症やその子どもの持つ特性（得意不得意など）により，一人一人の子どもの様子は大きく異なります。

〈支援について〉

　知的障害を持つ子どもに対しては，「教えて理解させる」指導が多くなる向きがあります。しかし理解することに困難を持つ子どもたちだからこそ，生活の中で理解できなかったりそのために混乱したりすることのないよう，子どもの理解できる環境やコミュニケーションに留意することが必要です。また子どもの興味の幅を広げ，子どもが自分で考えて自分で行動したりチャレンジできる経験を積むことのサポートが非常に大切になります。

〈補足：ダウン症候群について〉

　ダウン症候群は，染色体異常を持つひとたちの中ではもっとも出生数の多いものです。一般的には知的障害の中に位置づけられることが多いですが，実際には平均的な知能指数を持つひともおり，知的障害はダウン症候群に必発ではありません。顔貌に特徴があるため，出生後比較的すぐに気付かれ診断を受けます。知的発達や運動発達の遅れ，心臓を中心とした内臓の疾患を持つことも多いほか，体が小さく乳児のころは食べたり飲んだりする力も弱いことから，保護者は医療機関と療育・発達支援機関の行ったり来たりになりがちです。ですから子どもが小さいころの支援としては，保護者の診断の受け止めや生活上の困難にも配慮が必要です。

　ダウン症を持つ子どもは身体がかなり軟らかいため，運動発達だけではなく，口腔機能も遅れ，「伝えたいけどことばが発せられない，伝わらない」状況に何年も置かれることがあります。粗大運動や手先の巧緻性の発達の支援をおこないつつ，ことば以外のサイン言語などのコミュニケーションスキルを育てていき，親子のコミュニケーションを豊かにしていくこ

とも，子どもが小さいころの支援として重要です。

(2) 学習障害（限局性学習症・限定学習症：LD，SLD）

〈学習障害（LD）とは〉

「学習障害」は教育現場の用語で，診断的には「限局性学習症・限定学習症」（SLD）を使うこともあります。文部科学省によると，学習障害は「全般的な知能の遅れはないが，聞く，話す，読む，書く，計算する，推論するなどの学習の基礎となる能力のうち，特定のものの習得と使用に著しい困難を示すもの」と定義されています。発達障害者支援法で指定されている「発達障害」のうちのひとつです。

〈原因〉

原因は脳の機能の問題と推定されていますが，まだ特定されていないのが現状です。文部科学省の定義を見てもわかるように，様相もさまざまですので，原因もひとつとは限らないと考えられます。

〈診断〉

就学前に疑われても学習の段階に入らないと確定できないため，幼児期には「学習障害の疑い」といった診断がされ，就学後に診断が確定されます。自閉スペクトラム症や注意欠如多動症などとの合併が非常に多いのも特徴で，それらの２つの障害の方が診察場面ではわかりやすいため，診察場面ではわかりにくい学習障害は診断に至らないことが多いと指摘され，問題となっています。診断は，家庭や学校における状態の情報や，各種の知能検査や学習障害のチェックシート等の結果から判断されます。

〈子どもの様子〉

幼児期には何となくコミュニケーションが取りにくいとか，落ち着きがないなどの様相を示す子どもが，就学後に学習障害と診断されることも多いです。また，保育者から見て「ひとの話を聞いていない」「すぐに手が出る」と見える子どもが，実は「ひとの話を聞くこと」自体に困難を持っ

ていたり，きちんと話せないことから行動に出やすくなってしまっているということも大いにあり得ます。また，全般的な知的遅れがないだけに，自分がほかの子どもより何かができないとか，おとなからあまりよくない評価をされているなどの察知も早く，そのために不安が強くなる，攻撃的になるなどの二次障害に陥ることも幼児期から見られます。一人一人の子どもの様相はほかの障害よりもさらに個々別々で，また本質的に持っている問題がもっとも見えにくいものと言えるでしょう。

〈支援について〉

　学習障害はもっとも見えにくい障害のひとつであり，またその症状も幼児期には明確でないことから，その子どもの持っている困難を「学習障害かどうか」で推し量ることはできません。ですから，その子どもの行動のひとつひとつに子どもなりのわけがあるはずと考えて，よく見ていくことです。たとえば，お集まりのときに必ずふざけてしまう子どもだとしたら，「どうやって注意したらふざけなくなるか」という発想ではなくて，「どうしてこの子はいつもふざけてしまうのか」と考えてみます。もしかすると，その子どもは聞いていても理解できないのかもしれません。またわからないことをじっとして聞いていることが困難なのかもしれません。わからない自分をごまかしたいのかもしれません。など，いろいろと考えられます。子どもに理由のない行動はありませんし，おとなに悪く思われたい子どももいません。子どもへの支援の基本にかえって，その子どもの心の声に耳を澄ましていくことが大切です。そして，幼児期であれば，二次障害に陥ることからできる限り守っていきたいものです。

〈補足：読み書き障害（ディスレクシア）について〉

　就学後に明確になってくることですが，学習障害の中でも中核にあるものとして，読み書きに関する障害を読み書き障害（ディスレクシア）と言います。読んだり書いたりが難しいため，授業に参加することが困難になり，早期に逸脱行為を起こしたり，不登校に追いやられてしまうことも多いと言われています。特別支援教育の体制の中でもまだ読み書きに対する支援は遅れており，学校現場での課題のひとつとなっています。

(3) 注意欠如多動症（注意欠陥多動性障害：ADHD）

〈注意欠如多動症とは〉

　注意の欠如（気が散りやすい，落ち着きがない），多動性，衝動性を主軸とした行動の障害で，発達障害者支援法の中で定義されている「発達障害」のうちのひとつとなっています。幼児は心理的な原因や，ひととの関係性や環境の問題が背景にあって，多動になったり衝動的になったりすることがありますが，そうした心理的な原因が明確なものは除かれます。

〈原因〉

　脳の機能の障害が原因と言われ，今現在は実行機能の問題（ものごとを調整したり修正しつつ最後まで遂行することがなかなかできない等），報酬の問題（より大きな報酬が待てずにすぐに報酬を求める傾向がある等），時間感覚の問題（時間の観念が薄く，見通しを立てたり，どの程度時間がたったかわからない等）などが要因としてあがってきています。しかし，それらの要因が相互にどのように作用するのか，まだ明確にはされていません。

〈診断〉

　行動観察や保護者，保育者からの聴取のほか，各種の知能検査やADHDの傾向のチェックシート等が用いられます。症状自体は幼いころからあったものと考えられますが，診断はおとなになってからつくこともあります。

〈子どもの様子〉

　学習障害や自閉スペクトラム症との合併が多いのですが，学習障害とは異なり，行動上目に見えやすいため，比較的とらえやすい面があります。また，じっとしていないといけないときに動いてしまったり，衝動的に友達を叩いてしまうなど，どうしてもおとなから注意されたり叱られたりすることが多く，周りとの関係性が壊れたり，失敗をしつづけることで自尊心が低下しがちであることも，この障害の特徴です。自尊心が低下する

と，セルフコントロールの力も低下しますから，ますます衝動的になるという悪循環になります。それが昂じると，長じてからおとなに対して過度に反抗する ODD（反抗挑戦性障害・反抗挑発症）や反社会的な行動に出る CD（行為障害・素行障害・素行症）につながっていくことがあると言われています。

〈支援について〉

発達障害の中ではもっとも投薬治療の有効性が証明されているため，幼児期後期から学童期に入ると，ADHD の診断とともに投薬治療が開始されることが多くなってきました。療育・発達支援機関の中では，子どもができるだけ集中できるように，不要な刺激を排除した環境設定をするとともに，子どものセルフコントロール能力を育てることが支援の柱になります。そのためには，子どもが他児に手を出してしまうなどの衝動的な行動が誘発され，それを注意したり叱ったりすることはなるべく避けなければなりません。子どもがどういう状態のときにそうした行動に陥りやすいのかを観察し，できるだけそうした行動から子どもを守る必要があります。また，やり切れる量の課題設定をし，子どもが達成する経験を通して成功感を持てるようにする，子どもが我慢しているときにほめるなどして，子どもの自尊心を適切に育てていくことが有効です。

図 1-3　刺激を排除する環境設定

(4) 自閉スペクトラム症・自閉症（自閉症スペクトラム障害：ASD，広汎性発達障害：PDD）

〈自閉スペクトラム症とは〉

「自閉傾向」と言われる対人コミュニケーション上の困難や，非常に狭い限局された興味や感覚の過敏や鈍麻を持つことを特徴としています。スペクトラムとは，そうした傾向が非常に強いひとから，「健常」と言われるひとに近い，傾向の弱いひとまで連続して存在しているという意味です。発達障害者支援法で指定されている「発達障害」のひとつです。

〈原因〉

脳の機能の障害が原因であろうと言われており，非常に多くの推測がされていますが，まだ決定打として証明されているものはありません。

〈診断〉

世界には世界保健機関（WHO）の「疾病及び関連保健問題の国際統計分類（国際疾病分類：ICD-10）」とアメリカ精神医学会の「精神障害の診断と統計マニュアル第5版（DSM-5）」という2つの大きな診断基準があります。ICD-10は広汎性発達障害という用語を用いており，対人・社会性の質的障害，ことばの発達や使用に関する質的障害，興味の限局性・同一性保持の3つを診断基準としています。DSM-5は，自閉スペクトラム症という用語を用いており，対人・社会性の質的障害と興味の限局性，感覚の過敏や鈍麻を診断基準としています。両者に含まれている疾病や症状には小さな差異はありますが，いわゆる子どもの自閉症を診断する際にはどちらを使ってもあまり大きな違いはありません。また，ADHDやLDとの合併が非常に多く見られるほか，知的障害を併せ持つことも多いのが特徴です。DSM-5では自閉スペクトラム症に包括されましたが，ICD-10では，ことばの発達に遅れや歪みが見られない一群のひとたちをアスペルガー障害（アスペルガー症候群：AS）と呼んでほかの広汎性発達障害のひとたちと区別します。

〈子どもの様子〉

　幼いころより，目が合いにくい，まねをしない，親を求めない，呼んでも振り向かないなど，通常であれば特に教えなくても一定の時期に達すると出てくるような行動が見られないことで気付かれることが多いです。しかし，自閉傾向が軽度で知的な発達に遅れがないタイプであれば，「ちょっと変わった子ども」「マイペースな子ども」あるいは「わがままな子ども」とみなされ，それが自閉傾向であることになかなか気づかれないことも多く見られます。また同じ自閉スペクトラム症を持っている子どもでも，合併症のあるなしやその子どもの持つ特性により，多動多弁な子どもからあまり動かない子ども，長じてもことばを持たない子どもなど，非常にさまざまな個性を示します。集団の中でも，コミュニケーションは苦手だけれどとにかく友達が大好きでついて回る子どももいれば，ほとんどひとりで過ごすタイプの子どももいます。自閉スペクトラム症を持つ子どもが一律に「ひとが嫌い」であるとか，「親にも愛着を示さない」というのは誤解であり，そういうふうに見える子どももいれば，親密さや愛情を示す子どもも多いことを知っておくことが必要でしょう。

〈支援について〉

　子どもが幼いころには，コミュニケーションが成り立ちにくいことと，興味の限局性や感覚過敏などを背景とするこだわりの強さなどが，生活上の困難に直結します。生活の中で子どもが混乱しそうな雑多な情報はなるべく整理し，音や触覚などに過敏な子どもであれば，そうした子どもが嫌がる刺激から遠ざけるなどの環境設定がまずは必要になります。生活上の見通しを子どもがわかるような手立てで示していくこと，小さい子どもはおしなべてことばによるコミュニケーションが苦手ですから，身振りや絵カード，文字，実物を使うなど子どもがわかりやすく使いやすいコミュニケーションスキルを用いること，その上で，子どもの好きなもの，たとえばキャラクターやマーク，乗り物，水遊びなどを共有しながら遊びや対人関係を広げたり育てていくことが支援の柱になります。

(5) 視覚障害

〈視覚障害とは〉

　視覚障害とは，未熟児網膜症や白内障などの視覚の疾患に伴って，メガネなどによる矯正では回復しない永続的な視覚機能（視力・視野など）の低下があり，活動や社会生活上に制約のある状態，と定義されます。学校教育では，「両眼の矯正視力がおおむね 0.3 未満のもの又は視力以外の視機能障害が高度のもののうち，拡大鏡等の使用によっても通常の文字，図形等の視覚による認識が不可能又は著しく困難な程度のもの」とされ（学校教育法施行令第 22 条の 3），視力 0.3 未満程度になると学習・生活上の困難が生じ，特別な教育・支援が必要です。

　視機能の程度の側面から視覚障害は，点字を使用し主として触覚を活用して学習をする盲（blindness）と，普通文字（墨字）を使用し視覚を活用して学習する弱視（partial sight）に大別されます。点字か墨字かの境界視力は，0.02 から 0.04 程度とされています。また，盲児は視覚イメージの有無から早期盲と後期盲に分類され，3～5 歳以前の失明では視覚イメージは残らないとされます。

〈子どもの様子〉

　先天盲乳児は外界の事物・事象を視覚的に「一目瞭然」に把握できず，視覚的模倣による学習も不可能なことから，探索行動の発現に遅れを示し，平均独歩年齢は 20 カ月程度であり，手指活用や日常生活動作の獲得も遅れます。また，盲児は事物・事象の直接体験に制約があり，触覚によるイメージは視覚のそれとは異なり独自です。このため，視覚がなくとも例えば実際の魚と切り身の魚との関連を観察できるような，豊かなイメージをはぐくむ直接体験の準備が概念形成の基盤として不可欠であり，そうした発達環境が十分でないとき，思考の抽象化・概念化は阻害され，言語主義（verbalism）に陥りやすいとされます。

〈支援について〉

　このように，生まれつき視覚障害がある場合，発達への影響は大きい

ことから，可能な限り早期から発達を支援することが，その後の二次的障害の軽減と良好な発達を促す上で欠かせません。触覚や見えにくい目によっても十分な直接経験を積み重ねていけるような遊具や教材教具等を工夫することが大切です。そして，興味関心をもって主体的に働きかけていくことのできる環境・教材を用意し，手指を活用した探索・移動・操作の発達や，大小比較概念や数量・方向等に関する概念の形成を図ることが重要です。

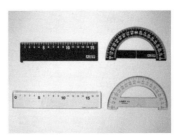

図1-4　見えにくさに配慮した教材教具の例

上は，白黒反転により見やすい工夫をした弱視用に特別に作られた文具，下は，一般に市販されている，見えにくい子どもに有用な文具（定規はメモリがゴシック体で太く，文字サイズが大きく見やすい。分度器は切れ込みがあり線に分度器を合わせやすい）

　学齢期の弱視児の多くは通常学級で学んでいますが，視力が0.2程度であっても板書の文字は見えません。読み書きのスピードは遅く，定規・分度器などの道具の使用（図1-4），計量，作図，実験，観察，図工や家庭科・体育といった実技と動作模倣を中心とした学習は読み書き以上に困難です。このため，弱視児は晴眼児と同じ分量の内容を同じ教育方法・時間で学ぶことが困難です。それらを補うために，弱視児の教育では普通文字の読み書きおよび弱視レンズの活用指導などの系統的・継続的指導および，拡大教科書や見えにくさに配慮した教材教具・書見台の準備等の環境整備が欠かせません。

　盲児は，指先を目として環境を把握し学習をします。したがって，点字や触察の系統的・継続的指導および，点字教科書や点字の資料，触覚でわかる地図やグラフ，触覚によって操作・認知可能な定規や分度器等，特別に工夫された教材教具・道具の準備が主体的な学習において必要不可欠です。また，点字は表音文字であるため，漢字の字形や字義を表記できません。このため「地層」を「地想」，「委員長」を「医院長」，「委員の任期」を「委員の人気」など，思い違いや恣意的な解釈をすることがしばしば生じます。したがって，盲児においても，漢字・漢語の知識や特性を理解す

る指導が重要です。

(6) 聴覚障害

　聴覚器官や機能に何らかの障害を来すと，コミュニケーションや言語学習に影響を及ぼすだけでなく，意思のすれ違いなど人間関係にも影響を与えることがあります。音が聞こえにくい，歪んで聞こえるなどの難聴を早期に発見し，適切な対応を早期からおこなうことが重要です。

〈難聴の発見〉

　両側難聴の出現率は1000人に1人くらいで，高度から重度難聴は就学前に診断がつきますが，軽度から中等度難聴や高音が聞きづらい高音急墜型難聴は，ことばがそれなりに話せるようになることもあり発見が遅れがちになることがあります。最近は，新生児聴覚スクリーニングが普及し早期に発見されたり，3歳児健康診査でも，ささやき声や指こすりの反応をみる項目が含まれているところもあります。しかし，後天性・進行性の難聴もありますので，スクリーニングで問題がなくても，ことばが遅かったり，発語が不明瞭であったり，声が大きいなどの様子があったら，小児難聴の専門医の受診が必要でしょう。

　また，身体障害や知的障害や自閉スペクトラム症などの合併症があると難聴出現率が高くなりますが，コミュニケーションのとりにくさや発達の遅れなどにより難聴の診断が遅れがちになります。遅れによるものなのか，難聴があるのかの見極めが必要です。施設でも，保護者から聞こえの様子や難聴のサインに関する聞き取りや，ささやき声で名前を呼んだり，指こすり，低い太鼓の音や高い鈴の音などを背後から聞かせるなどして，聞こえの様子を定期的なスクリーニングでチェックすることができるでしょう。保護者の聞こえに関しての心配は，難聴発見の大きな手がかりになっています。

〈治療・訓練〉

　残存聴力を活用するため，補聴器装用や人工内耳手術などで最適な補聴

を得ます。それらの処置で終了ではなく，実用的な会話能力や言語力を向上させ，子どもの学習や発達，人間形成を促進するために，聞き取りなどの訓練が必要です。ろう学校の乳幼児教育相談や医療機関・福祉機関などを利用しましょう。

　乳幼児期には，痛みを伴わず繰り返し罹患しやすい滲出性中耳炎による聴力の低下や，情緒や行動の変化が見られることがありますので，鼻風邪などの治りが悪かったり，聞き間違いや聞き返しが多かったりするようなら，耳鼻科受診が必要でしょう。重症の場合や投薬・鼻から耳に空気を送る耳管通気などで治りにくい場合は，鼓膜の切開や鼓膜にチューブを埋め込むチューブ留置術など，適切な治療が大事です。

〈支援〉
① コミュニケーション
　コミュニケーション手段は，子どもの状況に合わせ，トータルコミュニケーションとして音声言語・手話・指文字・文字・読話など複数の方法を使用していきます。特に，早期からの手話や身ぶりの使用は，言語力を向上させ日本語の基礎的な力を育んだり，「わかる」「つたわる」ことでやりとりがスムーズになり，ひととの関係が安定する効果をもたらします。表情や絵や写真，文字などの視覚的な手がかりも積極的に使用していきましょう。

② 家族支援
　聴覚障害についての正しい知識を伝え，今後の育ちについても，子どもの発達も踏まえ説明していきます。家庭や保護者の状況や気持ちに寄り添う心理的な支援，家庭での関わり方などの具体的な支援が必要です。また，聴覚障害児を育てている保護者とのつながりや聴覚障害児者とのふれあいの機会を確保することも必要でしょう。「聞こえないこと」を「不便ではあるが不幸ではない」と肯定的にとらえ，困難を抱えている子どものことを理解して認めていけるようにすることが大切です。その姿は，本人が聴覚障害のある自分を認め，アイデンティティを確立し，社会に適応していく助けになると思います。

(7) 肢体不自由

〈肢体不自由とは〉

　私たちの身体は，単に立ち続ける姿勢でいるときにも静止しているわけではなく，わずかに動揺しています。姿勢を保持する筋肉（抗重力筋）が働き，姿勢の微妙なバランスを保つためのメカニズムが作用しています。さらに，立位から一歩踏み出す際には，動き出す前から準備の活動が始まり，歩行中そして動作の終了までが一連の運動としてコントロールされています。このように姿勢と運動とは切り離せないものです。

　姿勢を保ち運動を実行するには，中枢神経や末梢神経，筋肉，骨・関節が関係し合って働いています。これら運動に関わる器官が，病気やケガなど何らかの原因で損なわれると運動機能に障害が生じます。

　身体障害は，「視覚障害」「聴覚障害」「内部障害」と「肢体不自由」に大別されます。肢体不自由とは，運動に関わる器官の障害によって日常生活に不自由や困難がある状態をいいます。肢体とは身体の部位を表しており，肢は四肢つまり上肢（上腕と前腕と手）と下肢（大腿と下腿と足），体は体幹（頸
から骨盤まで）のことです。

〈原因〉

　肢体不自由のある子どもはどのような病気やケガを原因として運動機能に障害を生じているのでしょうか。運動に関わる器官ごとに主だったものを以下にあげます。

　脳と脊髄からなる神経系を中枢神経といいます。受胎から新生児期という発達のごく早期の脳の損傷によって姿勢運動障害が起きるものが脳性麻痺です。脳の損傷部位や程度によって麻痺の現れ方や症状もさまざまです。異常な筋緊張や運動パターン，原始反射の残存などの病的な症状がみられ，バランス反応や協調運動，筋力などは発達しにくくなります。また，運動だけでなく感覚や認知，コミュニケーションなどの障害やてんかんを合併することもあります。麻痺のタイプによって痙直型，アテトーゼ型などに，麻痺を生じている範囲（部位）によって片麻痺，両麻痺，四肢麻痺などに

分類されます。両麻痺は上肢や体幹にも麻痺はあるが下半身により強いものを指します。

中枢神経のうち,脊髄に原因がある病気のひとつに二分脊椎があります。胎児期に脊椎後方部の癒合不全が起きて,脊椎の外に脊髄が突出している先天的な病気です。腰椎,仙椎に発生することが多く,発生部位から下の運動麻痺と感覚麻痺を起こすため,発生が下部であるほど麻痺の範囲は狭くなります。ケガなどで脊髄を損傷した場合と同様に両側性(対)の麻痺であるため対麻痺と呼ばれます。排尿・排便障害や水頭症,知的障害を合併することがあります。

骨や関節の病気では,骨形成不全症があげられます。先天的に骨が脆弱な病気で,成人までは骨折しやすく骨の変形や成長障害などがみられます。骨の変形が生じるとさまざまな運動障害が起こります。

筋肉に原因がある病気では,筋ジストロフィーが代表的です。遺伝子の異常によって筋肉の細胞が変性し,次第に筋肉の萎縮や繊維化が生じて筋力が低下するため運動障害が起こります。遺伝の仕方や症状の特徴,発症年齢によっていくつかの型に分類され,進行性で男子にのみ発症するデュシャンヌ型,男女を問わず発症し知的障害を伴うことの多い福山型などがあります。

肢体不自由は,原因となる病気がさまざまであるため,その症状や合併症も多様です。肢体不自由児の運動障害では,随伴する症状も含めた理解や対応が必要です。

(8) 重症心身障害

〈重症心身障害とは〉

重症心身障害とは,ひとつの障害の名前ではなくて,重度の知的障害と重度の肢体不自由を重複して持っている状態像の総称です。この場合の「重度」の概念は明確ではありませんが,

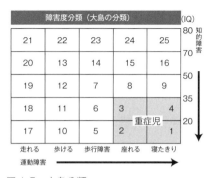

図1-5 大島分類

知能指数と移動機能の2軸分類である「大島分類」が従来使われてきました（図1-5）。大島分類では，おおむね1から4の区分が「重症心身障害」とみなされています。

〈原因〉
　重症心身障害は状態像の総称ですから，その原因はさまざまです。原因が明確なものも不明なものもありますが，先天的な疾患を代表とする出生前の原因と，脳性麻痺に代表される周産期の原因と，重症けいれんや事故・病気の後遺症に代表されるそれ以後の原因がほぼ同じ割合であると言われています。

〈子どもの様子〉
　子どもによって状態像は大きく異なるのですが，多くは次のような特徴を持っています。

①医学的な疾患を併せ持つことが多く，医療的ケアが恒常的に必要である。
　運動障害以外にも，呼吸障害，摂食障害，排泄障害などを持つことが多く，経管栄養や気管切開などの処置がされていたり，日常的に導尿や痰の吸引の処置が必要であったり，より重症な子どもの場合には，人工呼吸器や酸素の投与が必要な場合もあります。また，肺炎への罹患などが生命の危機に直結しますので，健康の維持には常に細心の配慮が必要です。

②外界からの働きかけへの応答が弱かったりわかりにくい。
　これは子どもがそもそも感覚機能に弱さがあり，情報を的確にキャッチするのが難しいことが多かったり，キャッチはできていても，重度の運動障害などのために，表情や声，動きなどで自分の思いを適切に表出するのが難しいことによります。応答までに非常な時間がかかったり，ほんのわずかな動きで表したり，重度の脳性麻痺のために腕を伸ばしたいほうに伸ばせずに反り返るなど違う動きになったりと，子どもが今受け取ったことと子どもがそれに対して表出したいことのつながりが，なかなか周りから見極められないところがあります。

〈支援について〉
　一般的には医療的ケアとともに，運動療法のスタッフ（理学療法士・作業療法士）の日常的な支援が中心となることが多いです。運動療法のスタッフの支援も，何かができるようになるというだけでなく，拘縮の予防や，子どものとれる楽な姿勢，適切な嚥下や呼吸に向けてなど，その子どもが健康状態を保ちながらより楽に毎日を暮らせるようになるための支援も同時並行的におこなわれます。こうした子どもたちの感覚機能の育ちを支援するスヌーズレン（詳しく知りたい方には，橋本創一・松尾直博監修DVD「障害児への専門的指導法」などがあります）や，コミュニケーション手段の制限を各種の機器で補完していくVOCAなどの支援方法もあります（第5章2-(3) AAC参照）。子どもの気持ちの表出が読み取りにくいからといって，子どもの気持ちを置き去りにしたまま，強い刺激を与え続けるのではなく，読み取りにくいからこそ，子どもの持つあらゆる感覚機能の働きに神経を研ぎ澄ませ，子どもの気持ちを汲んでいく努力がすべての支援者に求められます。

引用・参考文献

橋本創一・松尾直博（監修）(2014)．DVD「障害児への専門的指導法」株式会社アローウィン

東田直樹 (2007)．自閉症の僕が跳びはねる理由――会話のできない中学生がつづる内なる心――　エスコアール

井上智・井上賞子 (2012)．読めなくても，書けなくても，勉強したい――ディスレクシアのオレなりの読み書き――　ぶどう社

加藤正仁・宮田広善（監修）全国児童発達支援協議会（CDS JAPAN）（編集）(2011)．発達支援学――その理論と実践　育ちが気になる子の子育て支援体系――　協同医書出版社

小嶋知幸（編著）(2015)．図解　やさしくわかる言語聴覚障害　ナツメ社

文部科学省 (2012)．通常の学級に在籍する発達障害の可能性のある特別な教育的支援を必要とする児童生徒に関する調査結果について

ニキ・リンコ (2005)．俺ルール！――自閉は急に止まれない――　花風社

岡田喜篤（監修）井合瑞江・石井光子・小沢浩・小西徹（編集）（2015）．新版 重症心身障害療育マニュアル　医歯薬出版
障害児支援の在り方に関する検討会（2014）．今後の障害児支援の在り方について（報告書）〜「発達支援」が必要な子どもの支援はどうあるべきか〜
高松鶴吉（1990）．療育とはなにか　ぶどう社
鷲田清一（2015）．折々のことば 43．朝日新聞，2015 年 5 月 14 日付朝刊
吉田友子（2011）．自閉症・アスペルガー症候群『自分のこと』のおしえ方──診断説明・告知マニュアル──　学研プラス
全国児童発達支援協議会（2016）．発達支援の指針（CDS-Japan 2016 年改訂版）
全国早期支援研究協議会（編）（2014）．新・新装版 わかる！できる！おやこ手話じてん　東邦出版

第2章

療育・発達支援に必要な
アセスメントの基本とチームアプローチ

1 療育・発達支援に必要なアセスメント

(1) アセスメントとは何か

　もし今，ある保護者が3歳の子どもを連れてあなたの前に現れ，「子どものことばが出ない」と訴えたらどうしますか。さっそく個別にことばを教える療育を始めることが有効でしょうか。
　でも，3歳でことばが出ないことの原因はいろいろと考えられます。たとえば，耳が聞こえていないとしたらどうでしょう。その場合は，個別にことばを教えるより，聴力検査をきちんとおこない，補聴器などの対処を早急におこなうことが求められます。
　では，診断がついていたら療育が始められるでしょうか。この子どもが「知的発達障害」と診断がついていれば，難聴ではないからことばの療育をおこないますか。ではどこからどういうふうにことばの療育を始めたらいいのでしょうか。たとえば，この子どもの認知レベルが5，6カ月ぐらいだとしたら，いきなりことばを教えても子どもには何のことやらわからないかもしれません。しかも，保護者の主訴は「子どものことばが出ない」ですが，もしかするとそれ以上に支援が必要なことを，この子どもと家族は持っている可能性があります。実は重大な疾患を持っていて，その

治療を大至急始めないといけないという場合もあるかもしれません。または，家庭の状況がひっ迫していて，ネグレクトに近い状況に置かれていることだってないとは言えません。

　こんなふうに考えていくと，療育・発達支援を開始する際には，子どもと子どもを取り巻く状況を的確に把握することがどれだけ大切なことか理解できると思います。「～ができないから～を繰り返し教える」……療育とはそんなものではないのです。

　アセスメントとは，さまざまなデータを集めて，それをもとに対象を正しく評価・理解していくことです。土地・建物の評価などにも使われる用語ですが，発達支援の現場では，対象は「ひと」と「そのひとを取り巻く状況」ですから，非常に多くのさまざまな観点からのアセスメントが必要なだけでなく，時々刻々と対象自体が変化していくということをつねに意識しておかなければなりません。

(2)　アセスメントの目的

　アセスメントが，支援を始めるにあたって絶対に必要な作業であることが理解されたかと思いますが，大切なことは，アセスメントそのものがすでに療育であり，発達支援であり，対象者（子どもと保護者）のエンパワメントであるということです。特に発達支援センターなどに初めて来られた保護者と子どもにとっての初回のアセスメント（多くは発達検査や知能検査などの心理検査によるアセスメントになります）は，保護者や子どものその機関への信頼関係を左右するような重い意味のあるものになります（第7章参照）。

　また，発達支援の対象者が子どもであることから，支援の前提として以下のことを踏まえておく必要があります。

①子どもの発達は変化の可能性が大きいこと
②子どもを取り巻く状況も変化の可能性が大きいこと（たとえば，就園や就学を控えているなど）
③ひとの発達は「運動発達」「認知発達」「対人面の発達」などの領域が

あるが，子どもの場合，それらの領域が別々に発達するわけではなく，全体が緊密に絡み合って，全体的な発達像を作っていること
④子どもを育てる保護者・家庭の状況が子どもの姿に直接反映されること
⑤同様に，子どもの生活の場である幼稚園・保育園・学校の環境が，子どもの姿に大きく反映されること
⑥保護者を中心とした家庭が子どもの支援を担う部分が非常に大きいため，発達支援の中でも保護者支援・家族支援が重要な位置を占めること
⑦同様に，子どもの生活の場である幼稚園・保育園・学校との連携や支援が重要な位置を占めること

そうした意識を持った上で，アセスメントは以下のような目的を持っておこなわれます。

①子どもの全体像と子どもを取り巻く状況を的確に理解する
②その上で，子どもの支援ニーズ，保護者の支援ニーズを把握する．この際，ニーズの緊急性，優先性も明らかにする
③今後の見通しを立てながら，支援目標と支援方法を設定する
④これまで支援を重ねてきている子どもであれば，これまでの支援の有効性を検証する
⑤現在の子どもの状況を保護者や必要な関係者・関係機関と共通理解する

以上のことを踏まえると，アセスメントというものがどれだけ専門性と時間と手間を必要とするかが推測されるかと思います。一般には発達のアセスメントというと，子どもの発達検査や知能検査をおこなって，数値を出すことと思われがちですが，そうしたレベルのものではまったくないということが理解されることでしょう。

(3) アセスメントの種類

　一般には心理職によるアセスメントが知られていますが，発達支援に関わる各専門職はそれぞれの専門性に応じたアセスメントをおこないます。また，その手法も，子どもの行動観察や子どもと環境との相互作用の観察を主とするもの，心理検査などのように何らかの既成のツールを用いるもの，食機能（口腔機能）のアセスメントのためにさまざまな形態の食材を子どもに与えたり運動機能のアセスメントのために子どもの身体を実際に動かすなど，子どもに何らかのアプローチをおこないながら実施するものがあります。以下にアセスメントの種類と担当する職種を示します（詳しくは第3章を参照）。

①健康面のアセスメント・医学的検査・診断：医師・看護師
②姿勢・運動（粗大運動・微細運動）のアセスメント：理学療法士・作業療法士
③口腔機能のアセスメント：言語聴覚士・作業療法士
④感覚統合のアセスメント：作業療法士
⑤ことば・コミュニケーションのアセスメント：言語聴覚士
⑥視覚のアセスメント：視能訓練士
⑦日常生活活動のアセスメント：保育士・教師・児童指導員
⑧心理アセスメント：心理士（臨床心理士・臨床発達心理士・公認心理師[注]等）
⑨家族機能と生育環境のアセスメント：ソーシャルワーカー・保健師・心理士等

　以上は，一般的なアセスメントと担当する職種ですが，あくまでも一般論であって，たとえば，保育士・教師・児童指導員は，発達支援センター等で子どもの毎日の生活に関わっていることが多いため，以上のほぼすべてのアセスメントに関わってきます（第4，6章を参照）。子どもの健康状

注：2019年度より国家資格化。

態にいつもと異なった状態を見つけたり，運動発達の向上を見出したり，迎えに来た保護者の表情の硬さに気づいたりなど，幅の広いアセスメント能力が求められます。また，子どもの生育環境のアセスメントは，家庭や子どもの通う園や学校における生活のアセスメントになってきます。そうした関係機関を連携のために訪問するスタッフは，どの職種であろうとその機関における子どもの育ちを総合的にアセスメントすることが必要になります。たとえば自分は運動スタッフだから運動しか見ないし，見られないというのではなく，スペシャリストとしての専門性を大切にしながらも，お互いに他の職種から学び合い，全体を見る力を養成することが必要です。

(4) アセスメントにおいて留意するべきポイントとは？

では，以上のようなアセスメントにおいて，各担当者が大切にすべき点とはどういうものでしょうか。最初に述べたように，アセスメントはやって終わりというものではありません。それをどれだけ効果的に生かすか，言い換えれば，発達支援の現場でどれだけ役に立つアセスメントをするかということが重要になってきます。

① 子どもの長所と子どもを取り巻く状況の強みを明らかにすること

一般におこなわれているアセスメントではその子どもの「問題」つまり，ほかの子どもよりもできないことや生活面で困っていることがあぶりだされることが多いように思われます。しかし，その後の支援につなげていくことが一番の目的ですから，その子どもが「問題」や「障害」を抱えていることだけを明らかにするようなアセスメントでは意味を成しません。療育はその子どもができないことを繰り返し訓練することでできるようにするものではない，と先に述べましたが，どのような子どもでもその子どもの長所や力を知り，それがその子どもの生活の中でどのようにしたら発揮できるか，ということを柱に支援は組み立てられるべきです。それができないときやそうした視点が持てないときに，往々にしてスタッフがそばにぴったりついて「問題行動」をストップするとか，何度も繰り返して字が書けるように練習するなどといった，発達的観点を持てない単なる対処

療法や単なる訓練志向へと向かうことがあるようです。発達心理学者の浜田寿美男さんの「子どもはその力を環境の中で発揮できたときに発達する^(注)」……このことばの意味や重みを考えたいものです。

　また，家族や園や学校などを含めた生育環境のアセスメントにおいても，その家族や園の持つ強みをもっともクリアにすることが重要です。どこに「問題」があるのか，だけではなく，どのひとにどういう力（行動力や理解力，協力する力など）があり，全体を見渡してどこに状況の強みがあるのかを知るという意識を持ちたいものです。

② 各アセスメントの情報が持ち寄られて，子どもの全体的な発達像が描かれること

　アセスメントの種類のところで，さまざまなアセスメントがさまざまな職種でおこなわれることを述べましたが，そうした膨大な情報は適切に集められ，その子どもに関わるスタッフが共通理解し，そこから子どもと子どもを取り巻く状況の全体像をスタッフ間で描いて，支援の全体像を決めていく必要があります。こうした共通理解のための情報交換および支援の方向性を決めていく会議は，一般に支援会議とかケア会議と呼ばれ，どこの支援機関でもおこなわれているものです。しかし，それがうまく機能していないと，図2-1のように，各職種がてんでんばらばらにアセスメントし，それぞれが療育の必要性を論じ，それぞれが別々に療育するという体制になりかねません。そうではなく，多職種によるチームアプローチにより，子どもの全体像を共通に描き出し，それを基にした支援目標，支援計画を協働しつつ立てていくべきなのです（図2-2）。

③ 子どもと子どもを取り巻く状況から，子どもの生活全体を明らかにしようとすること

　たとえば，ある子どもの支援には毎日療育・発達支援機関（以下センター）に通ってもらう方がよいとスタッフ間で協議しても，保護者が週2日しか通えないと言ってきたときどうしたらよいでしょうか。もしそれまで

注：臨床発達心理士　第8回全国大会　シンポジウムより。

第2章 療育・発達支援に必要なアセスメントの基本とチームアプローチ

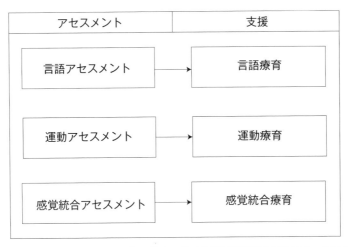

図2-1 職種間の連携ができていない場合の例（全国児童発達支援協議会，2011）

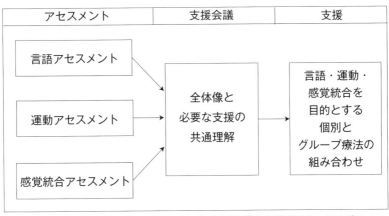

図2-2 チームアプローチによる支援の例（全国児童発達支援協議会，2011）

保育園に通っていた子どもであれば，保育園では何がどこまで支援してもらえるのか，センターでは何がどこまでできそうか，保護者の負担はどうか，センターに通うことによる生活面の支障は何か，保護者が週2日しか通えないと申し出た背景の気持ちや生活の状況等，総合的に情報を集め，判断していかなければなりません。もし毎日センターに通うことになった場合，センターから帰ったあとの家庭での過ごしは，子どもにとって，または保護者にとってどうなのか，きょうだい児がいればきょうだい児のことなど，考えなければならないことはたくさんあります。それらを総合的に吟味した上で，やはりセンターに毎日通うことのメリットが大きいと判断して，保護者に再考してもらうチャンスをもらうのか，それともセンターで週2日でできること，しなければいけないことの優先順位をつけていき，保育園と連携をとっていくという道を選ぶのか。どちらにもデメリットはあるはずですので，デメリットへの対応も同時に検討していかなければなりませんし，もちろん，当座は週2日通ってもらいながら保護者との信頼関係を紡いで次のステージを考えるという方向性もあるでしょう。

　子どもの支援者・支援機関は決してセンターだけではありません。そして，センターではできることとともに，できないこともたくさんあります。「子どもを発達させる」「子どもができることを増やす」ということに近視眼的に取り組んでしまうと，ほかの支援者や家庭を含めた子どもの生活が見えづらくなります。上記の例では，保護者が週2日しか通えないと申し出てくれたので，見直しのチャンスがありましたが，保護者によってはそうした申し出をすることなく，支援の輪から抜けてしまったり，反対に生活に無理が出ても，週5日通い続けるといったことも起こりうるかもしれません。センターのスタッフはそうした声なき声にもよく注意を払って対応していくことが求められます。

　例では保育園をやめて毎日センターに通所することを勧める可能性を示しましたが，実際には，センターに毎日通うことと，保育園と併用すること，将来的にどちらがどれぐらい有効なのか，実証する手立てはありませんし，誰も確証を持っているわけではありません。また，それはもちろん，センターではどの程度専門的なケアができるのか，保育園ではどの程度子どもを理解し，支援できるのかということにもかかってきます。つま

り，一般的な保育園というものの機能がどうかではなく，実際に子どもが通っている保育園の中でどのように過ごせているのかというアセスメントが絶対に必要になってきます。不確定な要素がたくさんある中で，子どもの将来を見通して，非常に重要なことを決めていかなければならない，そうした判断の根拠となるものが子どもと保護者の生活全体を見据えたアセスメントであるということも意識したいものです。

④ 保護者と支援の担当者，重要な関係者・関係機関，もちろん，理解できる子どもであれば子ども自身が，アセスメントの必要な部分について共通理解できること

先に，子どもの支援をおこなう機関は，発達支援センターだけではないと述べました。家庭とセンターと関係機関が子どもを共通に正しく理解し，支援の体制を組めることがもっとも求められる姿です。そのためにも，センターでおこなったアセスメントの結果は，保護者と可能な限り子ども自身，関係者がよく理解できる文章で明文化されるべきです。センターではその結果を踏まえて，個別の支援計画が作成され，保護者に説明して理解を得ることが義務付けられています（第4章参照）。

⑤ 日々の療育の中で継続的にアセスメントをおこなっていくこと

以上，主に支援の始まりに際してのアセスメントを取り上げてきました。なされたアセスメントの結果やそれに基づいて作成された支援計画は，支援の都度確認されるべきですが，一方子どもは成長し，周りの状況も変わりますので，年度に1回程度の定期的なアセスメントのし直しが必要です。また，子どもは日々変化・成長しますから，ある意味，療育とはつねに細かいアセスメントのし直しの連続でもあります。

⑥ 子どもの視点に立ち，子どもがいかに生きてきたのか，今いかに生きているのかをとらえるアセスメントであること

アセスメントにもさまざまありますが，療育担当者，発達支援者がおこなう子どものアセスメントであれば，最終的には「子どもの生きている世界を知る」ことにつながるアセスメントであってほしいと思います。子ど

もが自分の外界をどうとらえ，どのようにそこに働きかけ，そしてそうした自分自身をどのように感じているのか。このことを説明するためにひとつの事例を紹介したいと思います。

初めて療育機関に娘のKちゃんを通わせることになったSさんの話です。母子通園を始めても，多動でお集まりに参加しなかったKちゃんの様子を見て，「ここでも参加できないのか」と沈んだ気持ちでいた母親に，スタッフは「おかあさん，Kちゃんはガラスに映るみんなの姿を見てるよ，参加してるよ」と伝えたといいます（進藤，2017）。「Kちゃんには，自閉性がある」や「感覚の過敏さがある」といったその子どもの外側からの見方だけでなく，こうした，子どもがまわりをどのようにとらえ，行動しようとしているか，どのように生きているのかといった，子どもの目線に立ったその子ども理解と，客観的な指標を統合したものが，本当に支援に役に立つアセスメントであろうと思います。

2 チームアプローチの重要性

アセスメントのところで，支援機関にはさまざまな専門性を持つスタッフが働いていることを述べました。実際には，たとえば児童発達支援機関（センター，事業所）で働く視能訓練士は稀有な存在ですし，医師や言語聴覚士，理学療法士，作業療法士といった職種のスタッフも，嘱託や非常勤で勤務している例が多いのが実情です。なぜなら，保育士や児童指導員は配置義務があるものの，その他の職種については，機能訓練をおこなう場合には機能訓練担当者を配置する必要があるとされているだけで，配置義務はないからです。

ですから，多職種によるチームアプローチが大切なことは重々知られていても，現実に多職種がいない，いても非常勤で支援会議をして方向性を決めていくとか，子どものケースカンファレンスをおこなって，支援の見直しをするなどが難しい場合が多いと言わざるを得ません。

ではそのような現実の中でチームで支援をするとは何をすることなのでしょうか。

(1) お互いの専門性を学び合う

　たとえば、週に1回理学療法士が来る事業所があるとします。その理学療法士に何を業務として依頼するかでその後の療育全体が変わります。子どもの発達ニーズに応じて、毎日の通所クラスの中から個別の訓練を必要とする子どもを抜き出し、別室で訓練をおこなうというやり方があります。しかしこれではその後のミーティングなどで理学療法士と話し合う時間をよほど密に取らない限り、毎日のクラスで支援している保育士や教師、児童指導員などは、理学療法士が子どもをどのように理解し、何をどのように支援しているのか、学ぶチャンスがほとんどありません。同様に理学療法士の方も、子どもがクラスの中でどのように過ごし、それに対して指導員たちが何を考えながらどのように支援しているのかほとんどまったく学べません。運動に困難を持つ子どもであれば、毎日のクラスでこそ、適切な椅子と机の提供や、運動遊びや活動の提供、その際の介助の仕方が非常に大切になってくることでしょう。手操作に関しても介助や自助具の使用が必要でしょう。そうした、子どもが毎日営む活動の支援こそ大切であるという認識を共通に持ち、理学療法士にクラスを見てもらうとか、クラスの中での支援を実地に見せてもらうなどの時間の設定を考え、毎日支援する立場の指導員こそ、理学療法士の専門性を学び、毎日の支援がより適切なものになるように自分の支援の幅を広げる努力をする、一方、理学療法士の方も、指導員から運動面だけではない子どもの姿、伸びてきたところや抱えている困難などについて学び、子どもの見方を広げる努力をする、そうした専門性の学び合いがよりよい支援につながります。

(2) 各スタッフが自分のおこなっている支援を支援全体の中に位置づけて考える

　もし並行通園している園や学校があれば、支援機関では何をおこなうのか、ということを、そことの連携の中で考えるべきであることを述べました。その上で、支援機関の中でもたとえば、毎日のクラス通所と同時並行でクラス担当とは別の心理士や言語聴覚士のスタッフが個別の療育をおこ

なったりすることがあります。そうしたときに個別療育の担当者とクラスの担当者が別々の支援計画を立てたらどうなるでしょうか。クラスと個別療育の目標が異なってしまい、クラスではコミュニケーションで「ちょうだい」の身振りサイン[注]を教えているのに、個別ではサインを一切使わずに「ちょうだい」と音声模倣することを子どもに教えるなどということが起こり得るのです。個別療育担当者は毎日のクラスで今子どもがどのように過ごしているのか、クラスの担当者はどのように子どもを理解し、支援で力を入れているところはどこかということを学び、いずれクラスで応用・般化できるスキルなり、知識の習得を個別療育の目標にすべきです。そのために、個別療育の担当者とクラス（グループ）療育の担当者が協働しながらひとつの個別支援計画を立てていくことが必要になってきます。

(3) スタッフ全員がジェネラリストを目指す

　各専門職種はそれぞれがスペシャルな専門性を持っています。もちろんそのこと自体に意味があるのですが、一方スペシャリストであることは子どもの見方がそのスペシャルな観点からしかできないことも意味しています。しかし、子どもという存在、そしてまた保護者という存在はそれ自体が一面的な見方ではとらえきれないものです。医療の現場では、専門性の細分化が進み、「病気を診てひとを診ない」と言われたことがありました。同様に発達支援の現場で、「ひと」を支援すべきなのに、「障害」を見ている現実はないでしょうか。「ひと」を支援するためには、「ひと」に関する多角的な視点や知識が必要です。スペシャリストとしての専門性を追い求めるだけなく、幅広い視野に立ち、「ひと」を支援できるジェネラリストを目指したいものです。ジェネラリストであろうとすることが、逆説的ですがスペシャリストとしての自分自身をより高めていくのだろうと思います。

注：音声言語（ことば）で意思を表現できない段階の子どものために用いられる身振りで意思を表現するコミュニケーションスキル。

引用・参考文献

加藤正仁・宮田広善（監修）全国児童発達支援協議会（CDS JAPAN）（編集）（2011）．発達支援学――その理論と実践　育ちが気になる子の子育て支援体系――　協同医書出版社

進藤美左（2017）．親の会による保護者同士のサポートの実際　中川信子（編著）発達障害の子を育てる親の気持ちと向き合う　金子書房

第3章

療育・発達支援に関わる職種とその役割

　この章では、第2章で紹介したさまざまな専門職種の専門性とその役割について整理していきます。

1　心理職（心理士）

(1)　心理職の有する資格とは？

　2019年度よりようやく国家資格である公認心理師が現場で働けるようになるため、今後も認定協会の出している臨床心理士や臨床発達心理士等と、公認心理師とが、現場で混在し、協働していくことが予想されます。

(2)　心理職の職域と専門性

　ほかの専門職と比べて、もっとも職域や専門性が定まっていないのが心理職かもしれません。所属する療育・発達支援機関の考え方やニーズに応じて、心理職が担う役割が異なることも多いのです。いわゆる保護者のカウンセラーとしての役割が求められるところもあれば、子どもの心理的なケアが求められるところ、心理検査等のテスターとしての職務が中心のところ、外部に出ていくコンサルテーションが主なところなど、よく言えば

幅が広く，悪く言えば何でも屋という面があるのが現実です。ここでは，もっとも広範に担っているであろう職務であるアセスメントと療育に関して整理してみたいと思います。

① アセスメント

アセスメントとは，第2章で述べたとおり，支援対象を正しく理解するための調査と評価のことですが，心理職の担うのは，その中でも子どもの発達状況全体のアセスメントと，親子関係・家族関係を軸にした養育状況のアセスメントです。

●子どもの発達全体をどうとらえるか

子どもの発達は，ほかの専門職もそれぞれの専門性に応じてアセスメントしますが，心理職のアセスメントとはそれらを踏まえて子どもの全体像を描くことです。

一般的なことではないかもしれませんが，筆者は子どもの発達の全体像を描くときには，子どもの姿からその子どもの持って生まれた資質・素質と，これまでその子どもが学んできたもの・学んでこられなかったもの，そして現在の環境の影響と，要因を3つに分けて分析するようにしています（図3-1）。

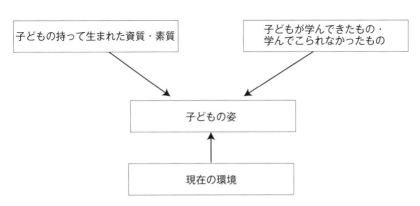

図3-1　目の前の子どもの姿から全体像を描く

子どもの持って生まれた資質・素質とは，いわゆる「障害」と呼ばれる部分，たとえば，下肢の麻痺による運動障害や，持って生まれた認知能力の遅れや衝動性の強さ，コミュニケーション能力の未熟さなどと，持って生まれた能力や長所，たとえば高い記憶力や穏やかな気質などです。子どもが学んできたもの・学んでこられなかったものとは，その子どもがそれまでに身につけてきた，または身につけられそうなのに獲得できなかった，遊び方，学び方，さまざまな活動におけるスキルやコミュニケーションスキルを指します。中には，誤学習と言って，たとえば自分の要求を通すために泣きわめくなどの不適切な行動を学んできている子どももいます。現在の環境の影響とは，親子関係や保護者の対応の影響や，療育・発達支援機関における環境や対応，幼稚園・保育園に通っている子どもであれば，そうした園生活の影響を指します。発達に偏りや未熟さがある子どもほど，環境の影響をもろに受けますから，この要因も非常に大きなことです。

　3つの背景要因の中で，子どもの生まれ持った資質・素質は，訓練で大きく変わるものではありません。たとえば，自閉性を持つ子どもは，成長するにつれて変化しますが，その自閉性自体が訓練で大きく変わるものでは基本的にはありません。しかし，環境は変えることができますし，子どもが学んでこられなかったものは学べます。つまり，子どもの自閉性は変えることができなくても，それに見合った環境の設定や周りからの対応はできますし，子どもの力に応じたコミュニケーションスキルを教えることもできます。その中でその子どもが自分の力を発揮しながら成長していくことを支援することがすなわち発達支援の柱なのです。

●アセスメントのツール：心理検査

　ツールとしては，心理検査（発達検査・知能検査など）という既成のものがありますから，それを用いることが一般的です。表3-1は，療育・発達支援機関でよく用いられる発達検査・知能検査の概要です。発達検査とは運動発達も含めた発達全体を評価するもの，知能検査とは知能，つまり認知能力を中心に評価するものです。この表の通り，各検査において目的も対象も異なりますので，子どもの年齢やニーズに応じて使い分けます。子どもによっては検査バッテリーといって，複数の検査を組み合わせて使います。ただ，気を付けたいのは，やみくもに検査をたくさんおこなった

からといって，その子どものことがより正しく理解できるとは限らない点です。ひとつの検査でも，発達というものの道筋や構造をきちんと学んで自分のものにし，子どもの姿の観察力と，検査によって得られるデータの

表3-1　療育・発達支援機関で主に用いられる発達・知能検査の概要

検査名	適用年齢	特徴・概要
新版K式発達検査2001	0歳から成人	田中昌人の発達理論をもとに作成された。姿勢―運動領域，認知-適応領域，言語-社会領域の3つの領域と全領域の発達年齢と発達指数が計算できる。幼い子どもを対象に短時間で遊びながら実施でき，理論に基づいて発達の全体像を描ける。
田中ビネー知能検査V	2歳から成人	対象者の生活年齢が14歳未満の場合には，精神年齢と知能指数を算出する。幅広い年齢の対象者に対して，短時間で簡便におおよその知的レベルがわかるため，療育手帳の発行や就学時の相談など幅広い場で活用されている。
WISC-Ⅳ	5歳から16歳11カ月	「言語理解」「知覚推理」「ワーキングメモリー」「処理速度」の4つの指標の合計得点と全体の知能指数が算出される。個人間差つまり対象者の全体の中での位置と，個人内差つまり対象者が抱える認知能力のアンバランスさを同時に明らかにすることができ，教育現場での支援に直結できる。
DN-CAS認知評価システム	5歳から17歳11カ月	「プランニング」「注意」「同時処理」「継次処理」の4つの認知機能と全体の標準得点を算出できる。PASS理論に基づいて作成されたもので，それに基づいて対象者の認知の特徴をとらえることができる。発達障害を中心とした認知のアンバランスが想定される際に適用される。
KABC-Ⅱ	2歳半から18歳11カ月	カウフマンモデルとCHCモデルの2つのモデルをもとにして作られている。「同時処理」「継次処理」「学習能力」「計画能力」の4つの側面からとらえる認知機能の様相と，「習得度」と呼ばれる学習で積み重ねてこられた学習の成果とのギャップを明らかにし，結果を教育・学習の仕方を検討するために用いる。

読み取り方に精通していれば，かなり多くのことがわかってきます。反対に言えば，そうした心理職としての専門性に欠けていて，データや子どもの姿の読み取りができなければ，いくら検査をたくさん実施してデータが集まっても，子どもの全体像が見えてこないこともあるとも言えます。
　検査はどうしても結果が数値で表されますので，この子どもは何歳レベルだというような，数値でものを言う道具にされがちです。しかし，検査において本当に大切なことは，できた・できないを測って数値化することではなく，その姿の背景に何があり，どのように支援すればよいのかを明らかにすることです。
　たとえば，ある発達検査には，「積み木を積む」という一連の項目があります。これを，ただ数値を出すだけのためにおこなうと，「何個積めた」という結果しか出ません。しかし，その子どもの行動の背景を知ろうとすると，子どもが5個積もうとして失敗したその原因が見えてきます。視覚―運動の協応が未熟で苦労しているのか，それとも力のコントロールで苦労しているのか。また，そうした未熟さがあるために，「わかっていてもできない」つまり失敗経験が多く，物事に取り組むときに失敗を予測して不安になりがちだとか，不安なためにそこから逃げるという誤学習をしているなどということまで見えてきたりもします。子どもによっては，8個積むように教示されたときに，4つかろうじて積んで，あと何個あるのか見て，自分の積んだ4個のガタガタの積み木の塔をきちんと整備するなどということをやることがあります。こうした子どもは，目的を持って自分の行動を修正する力が成長してきたのだということがわかります。また，「積み木を積んでね」という検査者の教示を子どもはどのように聞き，理解し，応じるか，積めたときに，おとなに「積めたよ」という視線を投げかけるかどうか，そんな小さなやりとりで，子どものコミュニケーションの力やおとなとこれまで積み重ねてきたやりとりの在り方が見てとれます。「積み木を積む」というシンプルな課題の中に，これだけ豊かな観察ポイントや情報が含まれているのです。
　また，子どもの検査を見ている保護者の様子や，保護者と子どもとのやりとりの様子は，保護者と子どもとの関係性や，保護者が子どもをどのように感じているのかを，何よりも雄弁に語ります。心理検査を用いたアセ

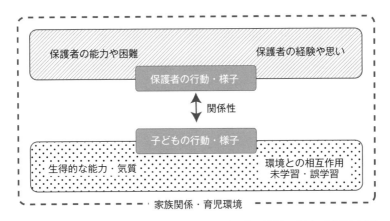

図3-2 育児状況を含めた全体的なアセスメント（田中・栗原・市川，2005より）

スメントは，データと観察と保護者によって語られる情報とによって，包括的に子どもの発達の全体像と子どもを取り巻く養育状況をアセスメントするものです（図3-2）。

② 療育

心理職の担う療育は，感覚・運動から認知・概念形成，対人関係やコミュニケーション，さらに情緒や自己認知，感情のコントロールなど，その領域や目的は幅が広く，言語聴覚士や保育者・児童指導員とも重なる部分が大きいと言えます。

具体的には，応用行動分析（ABA）^(注)や，ソーシャルスキルトレーニング（SST：第5章参照）などの技法を用いるなどして，子どもの行動変容や行動の学習をサポートするもの，プレイセラピーに類する手法で子ど

注：ひとの行動は，行動の結果，そのひとにとってよい結果が生まれると強化（頻繁におこなうようになること）され，そのひとにとって悪い結果が生まれると消去（おこなわなくなること）されるという行動理論をベースにし，対象となるひとの行動の起こる原因をその前後の状況から分析し，条件を変えることで適切な行動を学習することと不適切な行動をなくすことを目指す理論体系と手法。

もの自己表現や不安の軽減を目指すもの，発達・学習理論に基づいて，ことばや概念，記憶など外界を適切に認識し，思考し，対応していくための認知活動を育てるものなど多岐にわたります。

場合によっては，親子で療育に来てもらって，親子で遊ぶやり方を学んでもらったり，親子のコミュニケーションや関係性を支援することもあります。

また，重症心身障害児と呼ばれる，動きやことばなど自己表現や外界への働きかけの手段が限られる子どもたちに対しては，一般に医療的対応と，姿勢・運動，摂食など運動スタッフ（理学療法士や作業療法士）による療育が主になりますが，こうした子どもたちの視線や表情，わずかな動きなどの自己表現を汲み取って，彼らの世界を知り，共感していくことも心理職の職域のひとつです。

心理職が担うことが多い，他機関へのコンサルテーションについては，第9章に譲ります。

2　作業療法士（Occupational Therapist：OT）

作業療法士が扱うのは，日常の生活の中にある種々の活動や行動です。療育場面では登園，荷物の整理，遊び，トイレ，食事などの活動です。そしてその中に含まれる，遊びを始める・終える，友達と仲良くする，けんかをする，先生と話をする，集団で話を聞く，親と別れる・再会する，などなどの行動について扱います。他にも室内運動，園外歩行，遠足，運動会，入園式に卒園式……などの場面も対象とします。作業療法士の得意なことは，それぞれの活動や行動の分析をおこなうことです。分析した上で，改善案を提案することが役割となり，その分析方法の中に作業療法士の専門性が潜んでいます。分析方法は，①相互作用を分析する，②活動を分析する，です。

分析方法を説明する前に，もう一点専門性を紹介します。それは，子どもに直接関わり，支援を展開する実践の場面にあります。提供するものが発達支援にとって有益なことは必要ですが，その場が子ども自身にとって

楽しい・意味のある活動となるよう提案し，展開する臨床力，これも専門性のひとつです。その場でアレンジする力や，アドリブができる臨機応変な対応ができる力が臨床力の中には含まれています。

では，2つの分析方法を確認していきましょう。

(1) その行動がどういった条件で生じているかを分析する（相互作用を分析する）

最初の分析方法は，その活動や行動が，どのような条件下で生じているかを分析することです。その子どもの行動がどんな環境でおこなわれているのか，どのような特性のある活動が提供されているのかを把握・分析します。

① 環境把握と環境分析

特に環境分析は非常に重要です。環境はさらに「人，物，場，時」に分けることができ[注]，図3-3に観点を紹介しました。

人	その行動は誰と一緒の時に生じる？　生じない？　その人に共通する特徴は？
物	特定の物が関係している？　いない？　特徴として大きさ，重さ，肌触り，だれのもの，何に用いる，アフォーダンスなど。
場	広さ，明るさなど。大人に気づきにくいこととして，音やにおいなどがある。過去の記憶や経験も加味する必要がある。
時	時間単位を月，週，日，活動など切り替えながら分析をしていく。

図3-3　環境を分析する観点（酒井，2016）

注：ここでは詳細を省いて紹介している。小西紀一（監修）酒井康年（編集）（2016）．発達が気になる子どもを地域で支援！保育・学校生活の作業療法サポートガイド　メジカルビュー，p.14を参照。

② 活動把握と活動の特性分析

　分析対象となる行動が起きるときにはどんな活動がおこなわれているのか，その活動がどんな特性（全体に静かに進行する活動か，活発に動きがある活動か，緊張感を要求されるか否かなど）を持っているのかを把握し，分析します。

　図3-4に示したように，ある行動は，ある環境下で，ある活動（作業）と，子ども本人と，その三者の相互作用によって生じているという観点での理解の仕方に作業療法士の専門性のひとつがあります。

(2) その活動や行動の構造を分析する（活動を分析する）

　活動や行動の構造を分析する手法として，さらに活動分析と作業分析の2つに分けることができます。

① 活動分析

　その活動や行動がどのような手順でおこなわれているのかを分析することです。【着替え】を例にすると，図3-5のように【着替え】にはたくさんの工程が含まれます。【ズボンをはく】にも手順があり，ある子は，中

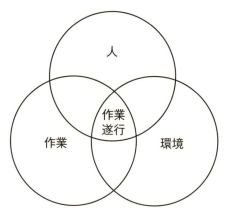

図3-4　作業遂行モデル（カナダ作業療法士協会，2000より作成）

でも,【片方の足を通す】が難しいことがわかり,さらに細かく見ると,特に【片足立ちになる】ことに困難を抱えていました。バランスが悪かったのです。

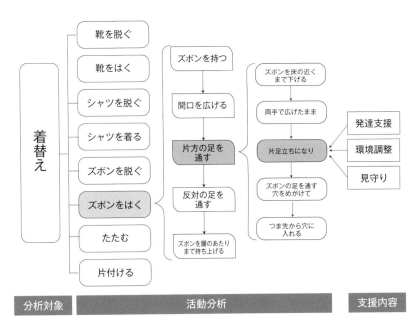

図3-5　着替えの活動分析例

【子ども本人】「4歳児になって,友達もできるようになったからなんとかやりたい！」

【担任】「ズボンをはくのに相当時間がかかる。本人は集中していて,疲れるのでは？」

【保護者】「私としては立っても座ってもどちらでもいいが,本人がやりたいと思っていることをやらせたい」

図3-6　「ズボンをはく」の作業分析

② 作業分析

その活動に関わるひとが持つ価値観を分析することです。先のズボンをはくということを例にしてみましょう（図3-6）。このように気持ちや考えは三者三様になることはよくあります。それぞれ大事にしたいものは異なるので、それを把握しようというのが、この作業分析です。

(3) 支援方法・活動内容を提案する

分析に基づいて、その行動や活動が難しい、できていない状況が把握できたら、次はそれらに対する対応方法、対策、支援方法を検討していきます。その際の選択肢としては次の3つです。

① 発達を促す

本人の力を伸ばすための働きかけをおこなうことです。その活動を用いておこなう場合と、他の場面を活用しておこなう場合とがあります。

先の【ズボンをはく】では、ズボンをはく活動を用いる場合には繰り返しおこなう形になります。他の場面を活用する場合は、室内遊びや園庭遊びで、バランス力を向上させるような運動活動を提供することがあげられます。

② 環境調整をおこなう

環境調整は、作業活動または環境に変化を求める方法です。本人が今有している力でできる方法を見つけ出すアプローチです。

作業活動の変化としては、【ズボンをはく】ことを、【足を通したあとひとりでズボンを腰まで上げる】とします。あるときに、本人ができる部分だけを課題にするという方法です。

環境を変化させるとすれば、〈立って〉ではなく〈椅子を用意して〉座っておこなえるようにすることも考えられます。

③ 根拠と見通しとリスク管理を伴った見守り

簡単に言えば、今の時点では何も変化を与えない方法です。その根拠と、

いつまでそのままで良いかという見通し，どのようなサインには注意を払うのかというリスク管理ができている場合に，選択することができます。

【ズボンをはく】では，他の活動場面からもうすぐ片足立ちができそうという根拠と見通しが得られました。まして，本人はやる気満々なので（作業分析から），多少の失敗ではめげることがないというリスクも把握できているので，今のまま，本人が頑張っていることを見守ろう，という選択になります。

これらの3つの提案については順番があるわけではありません。それぞれの場面とそこに関わるひとが持つ価値観，周囲の状況によって選択されていきます。

(4) 作業療法士が活躍する場面

冒頭で紹介したように，さまざまな場面で作業療法士の専門性である分析と提案をおこなうことができ，決して万能ではないが，ユーティリティはあります。発達検査の一場面の分析なども可能です。

対応できる障害種別も幅広いです。狭い意味の発達障害，自閉スペクトラム症等だけでなく，知的発達障害やダウン症などの知的障害，脳性麻痺や二分脊椎などの肢体不自由，重症心身障害児まで，年齢も0歳から対応可能です。

「作業療法士は非常にクリエイティブです。たいへん複雑な問題をシンプルに解決する彼らのやり方には驚かされることがあります。温かく親身な姿勢も大きな効果を与えます。」(ハンター, 2013)

作業療法士をみかけたら，一言投げかけてみてください。必ず何かお役に立てます。

3 言語聴覚士（Speech Therapist：ST）

言語聴覚士とは，言語や聴覚，音声，認知，発達，摂食・嚥下に関わる障害に対して，その発現メカニズムを明らかにし，検査と評価を実施し，

必要に応じて訓練や指導，支援などをおこなう専門職です。医療・教育・福祉分野で働いています。乳幼児期に現れることばの相談として，以下のようなものがあります。

- ことばが出てこない。増えない。つながらない。
- 発音が不明瞭。
- やりとりができない。
- どもってしまう。
- 読み書きが苦手。できない。　など

　子どもは，4歳までに遊びや日々の暮らしの中で，日常生活に必要な言語をほぼ獲得し，コミュニケーションの道具としてことばを使用します。その後は，学習や読書などを通じて，思考の道具としてもことばを使用できるようになります。言語聴覚士は，乳幼児期に，まず，コミュニケーションの道具としてことばを使用できるように支援する必要があります。

(1)　アセスメント

　さまざまな評価法や行動観察，保護者や関係している機関などからの聴取により，子どものことばの発達状況を把握し，子どもの持っている課題に対して仮説を立て，支援方法を検討していきます。

①　ことばの表出

　どのような発声発語があるのか，発音はどうか，語彙の内容やつながり，ことばの使い方などを評価します。また，吃りの様子（どんな場面でどんなふうになど）も観察します。

②　ことばの理解

　話しことばをどのくらい理解しているか，単語だけでなく，つながったことばの理解や文法理解なども評価します。ことばでは理解できていなくても，状況や身振りがあると理解できるかなども見ていきます。

③ コミュニケーション

どのようにやりとりしているか，やりとりが続くかなどを，話しことばだけでなく，さまざまな手段にも目を向け，対人関係や情緒の発達も視点に入れながら，子どもの持っている力を評価します。

④ 発声発語器官

発声発語に必要な器官の形態や機能を評価します。各器官の動きだけでなく，協調性も大事です。吹く活動なども見ていきます。手や足などの他の部分にも目を向けます。摂食機能も話しことばの準備段階として評価することもあります。取り込みや咀嚼，嚥下，吸う，姿勢などを栄養士や理学療法士，作業療法士と連携しながら評価します。必要に応じて，口腔外科や歯科などとの連携もおこないます。

⑤ 聞こえ

聴力に障害があるかどうかを検査します。音への反応が良くないと感じている場合，音に関心がないのか聞こえが悪いのかを調べる必要があります。聴力障害が発見されずことばの発達に影響を及ぼすなどの二次的障害を起こしていることもあります。最近は，新生児聴力スクリーニングで，早いうちに難聴が発見されることもありますが，後天的に中耳炎などで難聴になることもあります。実際音（低い太鼓の音，高い鈴の音，指こすりなど）を聞かせたり，聞こえの様子などを保護者から聴取します。言語聴覚士がいなくてもスクリーニングはできます。必要に応じて耳鼻科通院や聴力検査をすすめ，聴覚管理をしていきます。

⑥ 聴覚認知・音韻意識

聴力に問題がなくても，聞いたことがわかったり，覚えたりすることが難しいこともあります。そのため聴覚認知の評価もおこないます。また，読み書きに必要な音韻（言語を構成する音）に関する評価などをします。

⑦ 読み書き

就学前後になると発達性読み書き障害もみられるので，読み書きの様子

だけでなく、音韻処理（文字を音に変換するプロセス）・意味処理（単語などを文字列全体のまとまりとして処理するプロセス）・視覚情報処理などを評価します。

(2) 大事にしたい支援

① 三項関係成立への支援

　ことばはひととのやりとりで使われ、コミュニケーションが成立します。そのためには、自分と他者が「もの」を共有する「三項関係」の成立が必要です。お母さんと子どもがブロックや車で一緒に楽しく遊べるなど、共感性を育てることが大事です。そのためには、何かを覚えさせようとおとなの思いを優先させるのではなく、子どもがやっていることをよく観察し、子どもが何をしたいのかをつかみ（予測し）、それに寄り添う関わりが必要です。ことばを教えていくのではなく、気持ちや遊びの共有・共感の中でことばを使用していくことがことばの発達につながります。子どもの関わりに関しては、インリアル法が参考になるでしょう。

　[事例]　自閉傾向のある子どもが乗り物の絵本を見ているが、絵ではなく紙の破れを触って気にしている。おとなが横で「パトカーだね」など語りかけると、場を離れてしまった。そこで、破れを触っているときに「ギザギザ」と本人が絵本をめくるたびに声を付けていった。しばらくたっておとなが「ギ」と言うと、おとなの顔を見るので、「ギザギザ」と言うと、まためくり始め、一緒に絵本を見ることが続いた。

② コミュニケーション成立への支援

　私たちがコミュニケーションをするときに、さまざまな手段を使用しています。話しことばを促進するための発声発語器官へのアプローチ（摂食機能も含め）は必要ですが、話しことば以外のコミュニケーションへの支援も必要です。これについては、第5章2(3)「拡大・代替コミュニケーション（AAC）」を参考にしてください。

③ 家族への支援

乳幼児期の遊びで、保護者は子どもとどう関わったらよいか悩むことも多いかと思います。いろいろなことが心配で関わりがぎこちなくなったり、一生懸命教えようと指示的になったり、子どもが一緒に遊ぶことを嫌がったりするのでひとり遊びさせていたりと、親子で一緒に楽しむことができにくい場合もあります。子どもが吃ってしまったり、なかなかことばが増えないときに、保護者は自分を責めることもあるでしょう。想定できる妥当な原因を伝え、家庭で過ごす中での遊び方や関わり方、声かけの仕方など、各家庭の状況に応じて、具体的にできることを一緒に考えていくことが必要です。子どもと遊ぶことが楽しいと感じてもらえることが大切です。

[事例] 個別療育の場で、家庭ではひとりで遊んでいるブロック遊びを保護者と子ども、支援者で一緒におこなう。その中で、ことばかけや遊び方など、具体的な関わりを体験してもらい、子どもと遊ぶ楽しさを実感してもらう。保護者と子どもの関わりをVTRに撮って、共感的な場面を取り上げ、関わり方の素晴らしさに気づいてもらったりする。

④ 職員への支援

職員に対して、課題の整理と支援方法についての情報提供をおこないます。具体的なアプローチを一緒に考えたり、子どもにとって分かりやすい物的環境・人的環境を考えていきます。構造化や視覚支援なども使用していきます。職員の長所にも目を向け、子どもの良き関わり手になるよう支援していくことが大切です。

⑤ ことばだけにとらわれず、全体的な発達に目を向ける支援

ことばの発達には、運動・感覚・認知・社会性などいろいろな発達が関係します。そして環境も大きな要因となります。ことばを伝えるだけで覚えていくものではありません。コミュニケーションの難しさが、子どものそして保護者の困難にならないように、さまざまな職種とのチームアプローチで多角的に支援することが必要です。ひととの関わりの中でさまざまなやりとりを経験し、子どもたちの生活が豊かになることを願って支援し

ていきましょう。

4 理学療法士（Physical Therapist：PT）

(1) 専門性

　理学療法（physical therapy）とは，「病気，けが，高齢，障害などによって運動機能が低下した状態にある人々に対し，運動機能の維持・改善を目的に運動，温熱，電気，水，光線などの物理的手段を用いておこなわれる治療法である」と定義されています（日本理学療法士協会）。

　理学療法士（PT: Physical Therapist）は，身体に対して運動や物理的な手段で回復をはかり，日常生活動作の改善を促すことで生活の質の向上を目指すリハビリテーションの専門職です。

　発達障害については，主に肢体不自由や運動発達の遅れのある子どもたちに対し，寝返りや座位，四つ這いや歩行などの粗大運動を促し，生活動作や遊びの中でさまざまな運動感覚経験ができるよう支援します。

　肢体不自由を生じる原因として，脳性麻痺や二分脊椎などの中枢神経疾患，筋ジストロフィーなどの神経筋疾患，筋肉や骨関節などの整形疾患，染色体異常などがあげられます。これらは出生後早い時期に診断を受けたり兆候が表れやすいことから，NICUなど早期からのPT介入がおこなわれるようになっています。また，周産期医療の進歩により人工呼吸器や胃ろうなどの医療的ケアを受けながら成長する子どもたちも増えています。一方，運動発達遅滞には，原因が特定できていない場合も含まれます。運動発達の遅れを主訴としてPTの療育を開始した子どもたちの中には，ゆっくりと独歩に至り，その過程でことばやコミュニケーションの課題，不器用さなどが表れてくる場合もあります。

　PTは運動障害が軽度から重度の子どもとその家族に早期からの支援をおこないながら，医師や他の専門職と連携し必要なサポートへつなげていく役割も担います。

　子どもを対象とするPTは，病院や発達支援センター，特別支援学校，

訪問リハビリステーションなど医療や福祉，教育にわたる幅広い場で支援をおこなっています。そこでの役割としては，①運動発達の支援，②哺乳や食事，呼吸に対する支援，③下肢装具や車いす，座位保持装置などの補装具の発注や調整への関与，④家族および地域支援があります。

(2) 療育機関におけるサポート内容

① 個別療育でのPTの役割

　運動発達の評価は，自発運動の観察と分析をとおしておこないます。また，直接身体に触れたり他動的に動かして筋緊張や関節の動きを調べたり，刺激に対する反射や反応をみて，どのように動き，何ができて何が難しいのかとその背景を探っていきます。

　運動発達の支援においては，対象児が低年齢である場合は家庭での育児を支援する視点が重要になります。保護者が心配していること，気になっていることを聞き取り，抱っこの仕方や，ミルクの飲ませ方や離乳食の食べさせ方，遊びなどが発達の段階に合うように提案します。その際，家族の事情や居室環境を考慮し，その家庭の生活に取り入れやすい内容であること，やってみたら「(部分的にでも) できた」「子どものいい反応があった」と実感できるようなものであるよう心がけ，家庭生活と個別療育が連動するよう，やりとりを重ねていきます。さらに子どもの姿勢や運動への働きかけを通して，保護者が子どもとの関わり方や子どもの特性を知ることを援助します。

　保育園・幼稚園や集団療育など家庭以外の場でも活動するようになると，友達と一緒にやりたいことや楽しみたいことが増えてきます。所属先の園との連携のもとに，たとえば散歩や園庭での移動方法を検討したり，環境整備のアドバイスをして自分でできることが増えるように支援します。

　運動障害が重度で自発的な姿勢変換が難しい場合は，とれる姿勢が限定されやすく二次的な変形のリスクも高まるため，姿勢のケアが重要です。家族による介助のしやすさ，介助を受ける子どもの反応や姿勢への適応状況をみながら，さまざまな姿勢がとれるよう援助します (今川，2000)。

　補装具作成の時期や目的は個々のニーズで異なります。処方する医師，

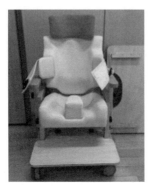 

図3-7 座位保持装置　　図3-8 市販の椅子の工夫例

および関係機関との連携が必要です。

② 集団（グループ）療育でのPTの役割

PTの集団療育での役割は，その機関やシステム，集団の特性によってさまざまです。個別と集団，両方のサービスを提供する療育機関においては，肢体不自由児が多いクラスや低年齢クラスの担任となる場合もあれば，定期的にクラスの活動に参加して姿勢や運動に関するアドバイスをするという方法をとることもあります。

椅子に関することは，姿勢の相談で多いもののひとつです。座位保持装置を成長や身体状況の変化に合わせて調整したり，一般的な幼児椅子では姿勢が不安定である場合に工夫を加えることもあります（図3-7，3-8）。

椅子やテーブルが身体の状況に合っているかどうかは，椅子座位姿勢の安定に影響します。摂食機能や呼吸機能，食事動作・机上動作のしやすさにもつながるため，集団療育の職員，作業療法士（OT），言語聴覚士（ST）と連携しながらすすめます。

集団療育の運動活動においてもPTは直接的・間接的に役割を担うことがあり，安全に関すること，運動課題に関すること，介助方法に関することが主なものです。安全面では，特に医学的な禁忌やけがの危険性など，医療情報や身体の仕組みを他の職員にわかりやすく伝えて周知することが

重要です。運動課題では，発達段階に見合ったものになるように内容の検討に加わることがあります。また，介助を受けながら運動経験を積む子どもにとって，介助方法や介助量は運動に対する安心感や達成感ともつながっています。発達に伴い介助の仕方も変化するため，適切なものになるよう配慮します。

集団での様子を知ることは，個別療育をおこなう上でも参考になります。集団療育は，排せつや着替え，食事や移動・移乗，遊びなど生活に必要な力が育てられ発揮される場でもあります。個別療育が生活にむすびついた支援になっているかを振り返る機会にもなり，新たな視点を得ることもあります。

集団療育と個別療育を相互に作用させながら子どもと家族の支援をすすめていくことが重要です。

③ 他機関との連携

PTが担当することの多い肢体不自由児，重症心身障害児が利用可能な通所事業所や訪問サービスが増えてきました。ひとりの子どもに複数の所属先があり，さまざまなサービスを受けられるようになったことで関わるスタッフの数や職種もこれまで以上に増えています。PTの専門性を活かし子どもを支援するスタッフをサポートする役割，子どものライフステージに沿った連携が求められるようになっています（橋爪・小池，2015）。

5 視能訓練士

(1) 発達が気になる子どもにおける視覚のニーズ

発達が気になる子どもは，視覚の面でさまざまなニーズを持っています。たとえば知的障害児では，遠視や近視，乱視などの屈折異常のある子どもが40％前後もいます。幼児期に強い屈折異常があると視力発達が阻害され，発見が遅れると，後から眼鏡をかけても視力が伸びず，障害になる可能性があります。

また，発達が気になる子どもは，白内障などの眼の疾患を伴う率が障害のない子どもに比べて高く，特にダウン症などの染色体異常で高いことがわかっています。つまり，発達が気になる子どもの中には，視覚障害児，すなわち全く目の見えない「盲児」や，視力が弱く見えにくさを持つ「弱視児」もいることもあります。視覚障害児に対しては，その見え方に応じて専門的な支援が必要です。

(2) 視能訓練士の専門性

　こうした視覚に関するさまざまなニーズに応じた支援をするためには，まず，視覚の機能を検査・評価する必要があります。視能訓練士の多くは，眼科医療の現場において視機能の検査や訓練・治療にたずさわっており，療育機関や盲学校等において視覚の側面から療育・発達支援にたずさわっているひともいます。

　具体的には，眼科においては視力や視野，色覚，両眼視といった視機能の検査や，斜視・弱視の訓練・治療をおこなっています。療育機関では，視機能の検査・評価に加えて，視覚的な側面から発達を支援しています。

(3) 発達の気になる子どもの視力評価

　発達の気になる子どもは，視力を測定する方法を理解したり応答することが難しいため，子どもの発達段階に応じた方法で評価をすることが重要

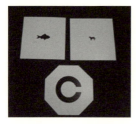 

図 3-9　ランドルト環・絵視標（左）と森実 Dot card（右）

図3-10　Teller Acuity Card Ⅱ

です。

　ランドルト環および絵視標が最も一般的な視力検査ですが，適用はランドルト環が3歳程度から，絵視標は2歳半程度からです。森実 Dot card は，動物の顔の目の部分を視標とし目があるかどうかを子どもに尋ねて検査をおこなうものであり，2歳以降であればほとんどが可能です（図3-9）。

　Teller Acuity Card Ⅱ（TAC Ⅱ；図3-10）は，グレーのボードの片側にある縞模様の視標を子どもが注目・選択するかどうかによって視力を測定します。視線の動きから他覚的に評価可能なため，発達が気になる子どもにも有効です。

（4）見えにくい子どもへの視覚支援

① 見えにくい子どもの見え方と学習

　視力が0.3未満になると，数メートル離れたものを目で把握することができないために，接近視（数センチの視距離で対象を見る見方）をします（図3-11）。このため，幼稚園や保育園の生活の中で，他の子どもの様子を視覚的に模倣して学ぶことは困難です。また，日常生活で動物や花などを自然と目にすることは難しく，生活経験に制限があります。したがって，支援者は事物を近づけて見せる，見やすい工夫をするなど，意図的に働きかける姿勢が重要です。

図3-11 接近視

図3-12 書見台（チェインジングボード，Assist社製）

② 見やすい環境・教材と支援

書見台は，接近視をする弱視児にとって視線の高さで視対象を見続けながら手を使うことができ，目－手の協応活動の質を高めることができます（図3-12）。

また，以下のような観点を参考に，見やすさ，気付きやすさを工夫します。

- 見せるモノと背景を高コントラスト（白や黄色と黒やこげ茶の組み合わせなど）に保つ。
- 背景が濃く視対象が明るい方が，注目しやすく見やすい。
- ホワイトボードなど，白い背景は眩しいために，見えにくいことがある。
- 絵カードや絵本などは，単純ではっきりとした色・絵柄のものを選ぶ。
- 文字や図などは，線を太くし輪郭をはっきりさせる。

6　医師

医師の仕事の主なものは病気の診断と治療です。では，病気ではない発達の問題に医師はどのように関わり，その専門性を発揮するのでしょうか。病気の場合，医師の仕事として重要なことは早期発見・早期治療です。発達の問題についても同様で，医師の仕事は発達の問題を早期に発見し，適切な対応をすることです。そして，その担い手は子どもの専門家である小

児科医となります。ですので，小児科医は発達の問題に対して最初に関わる専門家といっても過言ではありません。

(1) 発達の問題を発見する

まず，早期発見について説明します。発達の問題を発見するきっかけは，大きく3つあります。まず，①保護者が気付く，②発達の問題のある疾患を医師が診断する，③健診で医師が気付く，です。

① 保護者が気付く

子どもの発達の問題が心配になったとき，多くの保護者は家族や友人に相談します。そして，不安が解決しない場合には，一番相談しやすい専門家としてかかりつけの小児科医に判断を仰ぐということになります。かかりつけ医が発達の専門家ではない場合には，大学病院などの発達の専門家である小児神経科医を紹介します。

② 発達の問題のある疾患を医師が診断する

染色体異常などの疾患を持つ子どもは保護者が気付く前に医師の診察で発見されます。たとえば，染色体異常のひとつであるダウン症候群はその特徴から出生時に診断が可能で，かつ「発達支援（以後，療育とする）」が必要な疾患の代表的なものです。この場合，疾患の説明や今後のことについて説明するのは産科医ではなく小児科医となります。ここで重要なことは，出産という喜びの中で，将来について不安になることも正しく伝えなくてはならないということです。また，ダウン症候群では先天性心疾患など医療的問題を合併することも多いため，母親だけでなく父親にも説明をします。療育の必要性については，将来について説明する中でぜひ保護者に伝えるべきことのひとつですが，医療的問題を持つ子どもには医療ケアが優先されます。

③ 健診で医師が気付く

出生時に発見されず，その後に発達の問題が明らかになる場合も，最初

に関わるのは小児科医です。小児科医は，病気の診断や治療をするだけでなく子どもの成長発達を見守るということも大切な仕事のひとつとなります。その成長発達を見守る場として，病院や診療所の他にも各自治体の保健所などでの乳幼児健診があります。健診に関わる医師は「成長発達の問題点」を早期にチェックし適切な対応をすることで，その専門性を発揮します。

　また，この早期発見には小児科医だけでなく他科の医師の協力も必要になります。たとえば，「ことばが遅い」「発音が不明瞭」という場合には，難聴など耳鼻咽喉科疾患の可能性も考え必要に応じて専門医を紹介します。同様に，「歩き方が気になる」など運動の問題には，股関節脱臼など整形外科疾患を疑う必要があります。また，「転びやすい」という症状の場合には，整形外科疾患だけでなく「眼がよく見えていない」ということも疑い眼科受診が必要となる場合もあります。

(2) 保護者への説明

　次にこのように健診の際に発見した（疑われた）発達の問題をどのように保護者に説明するかも小児科医の重要な役割であり専門性を発揮する場です。

　多くのひとは医師の前では緊張します。そして，病気の告知など自分にとって不都合なことを言われることが多いので余計緊張し，医師の話がほとんど頭に残らないことが多いと思います。特に健診での話は「健康だと思っていたのに……」ということもあり「信じられない」「信じたくない」という保護者がほとんどです。そのような保護者の気持ちを理解し，わかりやすいことばで丁寧に説明することが重要です。場合によっては一度だけでなく何回かの説明をすることや，母親だけでなく父親にも話を聞いてもらうなどの配慮をします。

　早期発見したら早期治療を勧めることが重要です。この治療については医師ができることはほとんどなく，療育を紹介することになります。この療育についての説明も丁寧におこない，保護者が希望をなくさないようにすることは言うまでもありません。そのためには，保健師やケースワーカ

ーなど他職種との連携が必要になります。

(3) 療育機関での医師の仕事

次に療育機関での医師の仕事について説明します。まず，すべての療育機関に常勤医師がいるわけではありません。医療機関に併設している医療療育施設には小児科医をはじめとして整形外科など各科の常勤医師がいますが，一般の療育機関には常勤の医師がいる施設はほとんどありません。ですので，常勤医師がいない療育施設では子どもに関わる職員が，必要に応じて医療機関に相談しなくてはなりません。

医療療育施設にはそれぞれ専門医がいますが，小児科医の多くは小児科医の中でも特に発達の専門家である小児神経科医師です。療育施設での医師の主な仕事は子どもの健康管理となります。

しかし，保健所での健診や病院からの紹介により療育機関を受診した保護者の中には「療育を開始することに十分には納得できない」というひともいます。そういった保護者に現在の子どもの状態だけでなく療育の必要性について丁寧に説明し，理解してもらうことが，療育機関における医師の最初の仕事です。必要に応じて診断名を告知することもあります。もちろん，納得して療育機関を受診した保護者にも同様に療育の必要性を丁寧に説明することは言うまでもありません。

療育施設の初診の際には全身状態の診察もおこないます。これは子どもの健康管理のひとつとして大変重要ですが，子どもは一般的に泣いたり暴れたりして適切な診察ができないことがあります。特に療育が必要な子どもの場合には，初めての場面が苦手だったり，ことばの説明だけで状況理解ができずにパニックになる子どももいます。そういった子どもには無理せずに初回は最低限必要な診察をし，慣れてきたら再度診察をするなど配慮します。この最初の診察は「療育が必要だが体力的に難しい子ども」にどのような療育をおこなうかを考える意味でも重要です。また，感染症に罹ると重症化しやすい子どもの場合には集団療育をおこなうことが難しい場合もあります。重症の心疾患や肺疾患を持つ子どもには主治医との連携が必要になります。

子どもの健康状態の把握のためにも診察は定期的におこない，保護者と面談をします。これは，子どもの状態の変化を確認することと，保護者の医療的な心配事に答えるために重要です。

　医療的問題は療育にも関係します。まず，子どもに最もよく見られる感染症について考慮する必要があります。特に集団療育では，感染症の拡大を防ぐために予防接種を推奨します。その他，アレルギーのある子どもも療育に注意が必要です。食物アレルギーは療育施設で提供される食事に関係しますので，禁食などの情報を把握し，主治医と連携し適切な対応をすることにより，事故を未然に防がなくてはいけません。

　また，てんかんは発達の問題を持つ子どもにしばしば合併する病気ですが，療育施設の医師はてんかんについても専門知識が必要です。子どものてんかんは発作の形もさまざまで発作の形によってはわかりにくいものもあります。疑わしい動作があれば脳波検査をおこなうなどしててんかんの診断がついた場合には速やかに治療をおこないます。てんかん発作には，光刺激や体温上昇など発作を起こしやすい要因（誘発因子）がある場合があります。発作誘発因子がある子どもの療育には，環境調整について注意が必要なことは言うまでもありません。

　その他，早期発見のところで述べたように他科との連携も必要になります。運動の問題がある子どもには，整形外科医や理学療法士に紹介し座位保持椅子や歩行のための装具などの対応を依頼します。難聴や視力障害が明らかな子どもはそれぞれ耳鼻咽喉科や眼科の定期受診が必要です。また，小さい子どもの聴力検査や視力検査はおとなと同じ方法ではできません。そのため，軽度の異常は発見されずに放置されることがあるので，疑わしい場合は早めに専門医を紹介することが重要になります。

　このように発達に関しても医師の仕事は，早期発見・早期治療と健康管理となり，療育に直接関わることはなくても非常に重要な役割を担うと言えます。

7 社会福祉士

(1) 社会福祉士とは

　社会福祉士について，社会福祉士及び介護福祉士法第2条では，「社会福祉士の名称を用いて，専門的知識及び技術をもつて，身体上若しくは精神上の障害があること又は環境上の理由により日常生活を営むのに支障がある者の福祉に関する相談に応じ，助言，指導，福祉サービスを提供する者又は医師その他の保健医療サービスを提供する者その他の関係者との連絡及び調整その他の援助を行うことを業とする者」と規定されています。社会福祉士は相談援助を担うソーシャルワーカー（SW：Social Worker）の国家資格として認知されています。社会福祉士は，福祉，行政，医療，教育，司法などさまざまな分野で仕事をしています。

　ここでは，福祉分野の中の児童発達支援センターにおける社会福祉士について，「①障害のある子どもと保護者の相談援助」と，「②関係機関との連絡調整や連携」という2点から社会福祉士の具体的な役割を見てみましょう。

(2) 社会福祉士の役割

① 障害のある子どもと保護者の相談援助

　児童福祉をはじめ，社会福祉の領域で用いる専門的な援助技術をソーシャルワーク（社会援助技術）といいます。ソーシャルワークはひとの生活に焦点を当て，社会資源（課題を解決するために動員される物的・人的資源や社会サービス，資金や法律，制度，情報などの総称）を活用したり，人間関係を調整したりすることによって，本人を取り巻く環境を調整し，課題を解決できるように援助します。たとえば，子どもに発達の遅れがあり，育児に悩んでいる保護者が児童発達支援センターを活用できるように援助することや，親から虐待を受けた子どもを児童相談所に保護し，児童養護施設でケアするとともに，家族が再び一緒に生活することができるよ

うに家庭に働きかけて環境を調整することなどがあります。
　相談援助は開始から終結に至るまで［１］ケースの発見→［２］インテーク（受理面接）→［３］アセスメント（事前評価）→［４］援助計画→［５］援助の実施→［６］中間評価→［７］事後評価→［８］終結，の展開過程をたどります。ここでは，児童発達支援センターにおける「ケースの発見」から「インテーク」，そして，「アセスメント」を中心に社会福祉士がおこなう相談援助の内容について紹介します。

［１］ケースの発見
　ケースの発見は，障害のある子どもの保護者が児童発達支援センターの相談援助を担う社会福祉士に対して援助の必要性を訴えてくる場合と，すでに児童発達支援センターを利用している保護者の抱える課題を社会福祉士が発見する場合があります。後者の場合は，社会福祉士の側から保護者に対して積極的な働きかけをおこなうことが重要です。この最初の段階では，信頼関係（ラポール）をつくりあげることが大切です。

［２］インテーク
　保護者からの相談を正式に受理するプロセスをインテーク（受理面接）といいます。この段階では，障害のある子どもと保護者の抱える課題を，社会福祉士が保護者とともに解決していくことを確認します。両者は，指示的な上下関係ではなく，対等な関係の中で援助がおこなわれます。その援助において社会福祉士には，保護者の気持ちを受け止め，保護者の発する言語的，非言語的なすべてのメッセージを傾聴する姿勢を持って関わることが求められます。

［３］アセスメント
　インテーク後，社会福祉士は，障害のある子どもと保護者の抱える課題に対して適切な援助をおこなうため，事前に詳細な調査をおこないます。これをアセスメント（事前評価）と呼びます。アセスメントとしてニーズを把握するために，子どもと保護者に関わるさまざまな情報収集をおこないます。情報収集には，保護者によって語られるものもあれば，保健センターなどの関係機関から収集するものもあります。その際には，保護者の承諾やプライバシーへの配慮が欠かせません。子どもと保護者の抱える課題への認識は重視すべきですが，当事者であるがゆえに課題を客観的にと

らえきれないことがあります。そこで，保護者からみた課題の中心である主訴と，社会福祉士による専門的・客観的な視点から課題をとらえたニーズを分けて考えることが必要な場合もあります。たとえば，子どもの育てにくさを主訴とする母親からの相談が，実は育児に協力的でない夫に対する不満であるという家族関係に関するニーズであるケースなどでは，主訴とニーズに相違があるといえます。

　ニーズの把握から援助の実施へと展開するために，ニーズの確定をおこないます。援助計画や援助の実施では，子どもと保護者への援助にふさわしく，現実的に利用し得るさまざまなサービス（たとえば，児童発達支援センターや保育所，ボランティア，生活保護などの社会資源）を想定しながらおこなう必要があり，社会福祉士は地域におけるサービスに関する情報や援助に関する具体的な知識を有していることが前提となります。

　アセスメントをする際の留意点としては，障害のある子どもと保護者を課題を抱えた弱者としてとらえるのではなく，課題を自ら解決するための力をもった存在としてとらえることや，そのひとが持っているストレングス（強さ・健全な側面・可能性・潜在能力など）に着目する視点が重要となります。

②　関係機関との連絡調整や連携
［１］連携の必要性

　療育・発達支援を必要とする子どもと保護者の悩みや不安，困りごとなどの課題は，多様化，複雑化しており，ひとつの機関・職種だけでは対応できないことがあります。社会福祉士は課題の解決に向けて保健所，病院，保育所，児童相談所などの他機関，さらには心理職，作業療法士，言語聴覚士，理学療法士，視能訓練士，保育士，児童福祉司といった関連領域の専門職と連携し，援助をおこなっていく必要があります。社会福祉士のみの援助では問題の解決に至らないことがあり，そのため関係機関や専門職との連絡調整や連携を通して問題の解決を図ります。関係機関や専門職にはそれぞれの専門性があり，その専門性に応じて援助をおこないます。

［２］チームアプローチ

　関係機関や専門職が連携してひとつのチームを作り援助していくことを，

チームアプローチといいます。チームのメンバーは，医師，看護師，保健師，言語聴覚士，理学療法士，作業療法士，視能訓練士，教員，保育士，心理士などさまざまで，保健・医療，教育，心理などそれぞれの視点から問題を検討することで，多面的に子どもや保護者をとらえることができます。チームアプローチでは，チームメンバーによる子どもや保護者の情報と，問題解決のための支援目標の共有化が図られることで，援助の一貫性を保つことが可能となります。さらに，援助の分担がなされることで，ひとりの専門職に負担が偏ることなく，それぞれが専門性に応じた役割を発揮することができます。

(3) 児童発達支援センターにおける実践

児童発達支援センターを利用している知的障害のある子と家族の援助についての実践例を紹介します。

児童発達支援センターに通う3歳児のAくんは，知的障害の診断を受けていました。最近，母親の体調がすぐれずAくんの欠席が続くようになりました。担任保育士から相談を受けた社会福祉士は，担任保育士と共に家庭訪問をおこないました。母子で生活している住居は，ゴミが放置され清潔な住環境とはいえない状況でした。そこで，母親と担任保育士，社会福祉士が話し合い，福祉事務所に生活の相談を持ちかけました。当面の課題として，Aくんの発達保障と母親の治療，住環境の整理があげられました。Aくんは集団生活が可能な状態でしたので，近隣の保育所に通うことになりました。そして，児童発達支援センターの保育所等訪問支援事業により発達のサポートを継続することができました。昼間，Aくんが保育所へ通うようになり，母親の通院が可能になりました。徐々に健康を取り戻した母親は，掃除や食事の準備をすることへの意欲も見られるようになりました。

この事例では，専門機関（児童発達支援センター，保育所，福祉事務所，病院）や専門職（保育士，社会福祉士，福祉事務所職員，医師）が，相互に連携し，チームアプローチでAくんと母親の課題解決に向けて取り組みました。社会福祉士が専門機関や専門職と連携を取りながら総合的に援助

するには，アセスメント（ニーズの把握），援助の計画と実施，チームアプローチが重要となります．

引用・参考文献

カナダ作業療法士協会（著）吉川ひろみ（監訳）石橋陽子ほか（訳）(2000)．作業療法の視点──作業ができるということ── 大学教育出版

橋爪紀子・小池純子 (2015)．小児における地域包括ケアシステムと理学療法，理学療法ジャーナル，49 (11), 977-984.

キャシー・ハンター（著）日本レット症候群協会（翻訳）(2013)．レット症候群ハンドブック 第2版 日本レット症候群協会 p356

市川奈緒子 (2016)．気になる子の本当の発達支援 風鳴舎

今川忠男 (2000)．発達障害児の新しい療育 三輪書店

日本理学療法士協会 理学療法とは http://www.japanpt.or.jp/general/pt/physicaltherapy/（閲覧日：2018年6月10日）

社会福祉士養成講座編集委員会（編）(2015)．新・社会福祉士養成講座6 相談援助の基盤と専門職 第3版 中央法規出版

社会福祉士養成講座編集委員会（編）(2015)．新・社会福祉士養成講座7 相談援助の理論と方法Ⅰ 第3版 中央法規出版

汐見稔幸（監修）・市川奈緒子（責任編集） 田中康雄・井桁容子・尾崎ミオ・山本芳子・阿部利彦・吉本裕子・汐見稔幸・品川裕香（著）(2014)．発達障害の再考 風鳴舎

高井由起子（編著）(2016)．わたしたちの暮らしとソーシャルワークⅡ──相談援助の理論と方法── 教育情報出版

滝吉美知香・名古屋恒彦（編著）(2015)．特別支援教育に生きる心理アセスメントの基礎知識 東洋館出版社

田中千穂子・栗原はるみ・市川奈緒子（編）(2005)．発達障害の心理臨床──子どもと家族を支える療育支援と心理臨床的援助── 有斐閣

第4章

アセスメントから個別の児童発達支援計画
—— 個別支援からグループ支援へ

　厚生労働省が策定した児童発達支援ガイドライン（厚生労働省，2017）には，児童発達支援センター等において，児童発達支援管理責任者が，障害児支援利用計画における総合的な援助方針や，当該事業所に対応を求められるニーズや支援目標および支援内容を踏まえて，児童発達支援の具体的な内容を検討し，児童発達支援計画を作成することとその計画に基づき児童発達支援を実施することが示されています。

　また，同ガイドラインにおいては，児童発達支援計画を立てる際には，子どもと保護者の生活に対する意向，総合的な支援目標とその達成時期，生活全般の質を向上させるための課題，児童発達支援の提供すべき支援の内容を踏まえた具体的な支援内容，留意事項を含めることや将来に対する見通しを持った上で，障害種別，障害の特性や子どもの発達の段階を丁寧に把握し，それらに応じた関わり方を考えていくことを求めています。

1　児童発達支援計画の作成

(1) 計画にアセスメントを生かす

　児童発達支援ガイドラインでは，障害児相談支援事業者等が作成した障害児支援利用計画や，自らの事業所でアセスメントした情報について課題

整理表等を用いて整理しながら児童発達支援におけるニーズを具体化した児童発達支援の具体的な内容を検討し，児童発達支援計画を作成することが示されています。

　支援者が発達支援や療育場面において，一人一人の発達の状態や子どもの意欲や困っていると感じていることを理解して支援していくことはその子どもの将来に大きな影響を与えます（第6章参照）。そのような発達支援を実施するためには，各アセスメントの情報が持ち寄られて，子どもの全体的な発達像が描かれることが必要であることをすでに理解されたと思います（第2章参照）。個別の児童発達支援計画を立てる支援者には他職種との連携により，さまざまな情報を子どもの全体像と関連付けてとらえ，整理して，子どもの育ちとして目指すところや，今おこなうことを具体的に計画することが求められます。

(2) 支援目標を設定する

　発達支援においては，支援の方向性を定めた支援目標の設定が必要なことは言うまでもありません。目標には，全体的に発達をとらえ，長期的な見通しで決める長期目標と，長期目標に向けてスモールステップで今目指す達成可能な目標として決める短期目標があります。短期目標の達成を積み上げていくことで長期目標が達成します。

(3) 支援内容を決める

　児童発達支援計画では，子ども本人のニーズに応じた「支援目標」を設定し，それを達成するために，支援方針として具体的な支援内容を設定するとともに，児童発達支援計画に明記することが必要です。また，その支援内容については「いつ」，「どこで」，「誰が」，「どのように」，「どのくらい」支援するかということが，児童発達支援計画において常に明確になっていることが重要です。

　また，支援計画の支援内容は，子どもができないこと，足りないことを繰り返し指導するという方法ではなく，得意なこと，好きなこと，できて

いること等の強みを生かした支援ができるような内容を具体的に決めることが大切になります。

2 児童発達支援計画の実際

次に事例をあげて児童発達支援計画案を示します。（表4-1）

[事例] 現在5歳10カ月の弱視のAくんは昨年4月より現在まで1年2カ月の間，週3日児童発達支援センターで発達支援を受けている男児である。週2日は地域の幼稚園に通園している。コミュニケーション意欲が旺盛で支援者にはことばで質問したり確認したりして，そのことを状況理解の助けにすることができる。しかし，子ども同士のやりとりは少ない。今年度に入り，苦手意識を持っている活動であっても支援者の部分的な援助で取り組み，やり遂げる場面が増えている。見えにくさと運動面での未熟さから自発的に遊具を選んで目的的な遊び方をひとりで継続することは難しく，ひとりの遊びでは感覚的な遊びに偏る傾向がある。視野は狭いものの視覚弁別力は良好で形や色，絵を合わせたり，その物の名称を理解することは可能である。方向や位置を視覚と運動で認知することが苦手で空間関係の理解は困難である。

5歳6カ月時に受けた心理士による発達検査（新版K式発達検査）での評価では，発達指数と発達年齢が，全体発達44（2歳5カ月）姿勢—運動53（2歳11カ月）認知—適応34（1歳10カ月）言語—社会59（3歳3カ月）となった。心理士からは「視力の影響から，転ぶことはないものの姿勢保持の不安定さがあり，歩行時のふらつきが見られる。また，操作面でも視覚の問題だけではなく微細運動における分離協応性の未熟さも加わり，自発的遊びのレパートリーの少なさが見られる。これに比して言語発達は良好でことばでのコミュニケーションは可能である。今後は運動，視覚への対応をおこないながら全面的な発達支援が必要である」との所見があった。

また，5歳9カ月時に受けた視能訓練士による評価では「視力0.15〜0.21である。片眼ずつを隠してのボードからのマグネット外しの活動では

第4章 アセスメントから個別の児童発達支援計画

表4-1 Aの児童発達支援計画

氏名：A　　年齢：5歳10カ月　　性別：男　　作成年月日○年○月○日		
長期目標	自ら積極的に環境（物，他児）に働きかけるようになり，自発的な活動が増える。	
項目	短期目標	支援内容（内容・留意点）
生活	部分的な援助で食事の片付けを自分でおこなう	鞄を開けて食事道具を入れる袋を鞄の中から探して取り出す援助→袋のチャックを一緒に探す援助→袋の中に食事道具を入れる間袋を固定して入れやすくする援助をおこなう。
	ひとりで上着を着る	頭部→左腕→右腕の順に毎回同じ手順で着るように援助する。頭部は入るまで部分的に援助する。
運動	体幹の保持力や上肢のパワーをアップする	相撲遊びでおとなの身体を両腕で押す。椅子の後方を1cm上げる。
	階段を1段ずつ調整しながらひとりで降りる	階段を降りる際，手すりを探すように援助する。「ゆっくり，そーっと」などの声掛けにより運動の調整を促す。
遊び	自発的に遊びを選び目的的に活動する	本児の棚にわかりやすい印を付け，興味のある音の出る遊具を用意して自ら遊びだすように工夫する。安心して遊べる場所を設定する。
	空間関係の理解が進む 見る力探す力が向上する	肘をコントロールする援助により，棒の方向を目と手で確認してから棒からリングを抜く遊びをおこなう。穴をよく触るように促し同じ大きさや形の立体を穴に入れる遊びをおこなう。
	手首の運動の調整力が高まる	いろいろな瓶の蓋を回してとる遊び，瓶を傾けて水を注ぐ遊びをおこなう。
言語・コミュニケーション	動詞を理解する	「○○しましょうゲーム（動詞ゲーム）」を楽しむ。
社会性	子どもとのやりとりを楽しむ	支援者が媒介して楽しいやりとりを経験する。 ・帰りの会で友人の名前を呼び出席帳を返す。 ・ごっこ遊びの中で「○○ください」「はい，どうぞ」「ありがとう」等のやりとりを経験する。
家庭	登園までの準備で自分でできる部分を増やす	本児のスキル習得のためにセンターの支援者と家族の援助方法を統一する。 本児がやりやすい家庭の物理的環境設定を支援者が一緒に考える。
幼稚園との連携	就学に向けて情報の共有をおこなう	保育所等訪問事業や連携会議を通して本児の状態像や支援の方向性について共通理解を進める。

左眼遮断を嫌がることから物を見るときは左視野を使っていると思われる。発達支援においては教材の固定や机上の物と机のコントラストに注意することや室内のオリエンテーションなど，環境面の配慮が重要である」とのコメントがあった。

3　児童発達支援計画の見直し（評価）

　児童発達支援ガイドラインでは児童発達支援計画は，概ね6カ月に1回以上モニタリングをおこなうことになっています。モニタリングは，目標達成度を評価して支援の効果を測定していくためのものであり，単に達成しているか達成していないかを評価するものではありません。提供した支援の客観的評価をおこない，児童発達支援計画の見直しの必要性を判断し，その見直しが必要であると判断された場合は，計画の積極的な見直しをおこなうことが示されています。

　すなわち児童発達支援計画作成（P：plan），その支援計画に基づいての支援の実施（D：do），支援実施後の「子どもの発達目標の達成」や「支援の方法」の評価（C：check），その評価により問題や課題を明確にして修正（A：action），修正後次の支援計画を作成（P）という流れです。このように（P），（D），（C），（A）を繰り返すことによって発達支援の質が向上するといわれています。

　障害のある子どもは，発達に多種多様なニーズがあるために，そのニーズに応じた支援を実践するための試行錯誤は必要です。しかし，支援者にとっては思い通りに支援が展開しないことも多く，葛藤の大きい試行錯誤でもあります。そのため，障害のある子どもの発達支援においては，計画的な（P），（D），（C），（A）の繰り返しの作業がより重要になってきます。意図的な繰り返しによる試行錯誤によって，子どもの成長を支え，支援者も育ち，発達支援の質が向上することが期待できます。

4 集団生活における課題についての柔軟な対応計画

　障害のある子どもは，睡眠不足，空腹，暑さや環境からの刺激の量や質の変化はわずかであっても子どもの情動に影響し，不快な心的状態に移行しやすいという傾向があります。そのため，そのような子どもに対しては，具体的，詳細に支援計画を立てたとしても，その通りに支援を展開できないこともあります。また，日々の支援の中では支援計画になかった子どもの課題的な行動が生じ，緊急の対応が必要になることがたびたび起こります。そのような場合は，課題的な行動に対して子どもを繰り返し叱ったり，やめるように説明するだけでは対応として不十分で，子どもを助ける結果につながらないことが多々あります。

　これらのような場合においても，子どもの課題的行動の要因をアセスメントして臨時の支援計画を立てて，個別的・優先的に対応する必要があります。

　発達支援においては先に立てた児童発達支援計画の支援内容に基づきながらも，その日の子どもの様子に合わせて柔軟に支援をおこなおうとする支援者の姿勢が求められます。

　どのような対応が望まれるのか，事例をあげて考えましょう。

　[事例]　3歳から発達支援センターに通っているADHDのBくんは4歳になり，センターの集団療育では落ち着いて活動することが増えた。同じグループの子どもへの関心が高まり，好きなお友達もできて，一緒に活動することを好むようになった。しかし一方，他児との関わりが増えたことで，他児とのトラブルが頻繁になり，他児を押す，叩く，ひっかくなどの乱暴な関わりが目立つようになる。グループの子どもの中にはBくんと関わることを怖がったり，嫌がったりする子どももいて，支援者は，Bくんとまわりの子どもへの対応に悩んでいる。

(1) 課題的行動についてアセスメントする

　一週間Bくんの行動を観察して他児とのトラブルが，どのようなプログラムや時間帯に，どのような状況，場面で，誰とどのように起こるのか，また，そのときの支援者はどのような対応をしてBくんの反応はどうであったかを記録して原因の仮説を立てました。

　アセスメントの結果から，4歳児クラスになり，他児との関係において，Bくんの衝動性が目立ちはじめた背景のひとつには，対人意識が高まり，他児との関わりが増えたというBくんの成長があると考えられました。しかし，ひとへの対応は，変化の調整が可能な物的環境や活動への対応とは異なり，そのときの相手の状況に合わせて，即時に対応することが求められます。思いついた行動を，考える前に実行に移してしまいがちなBくんにとっては，衝動的な行動も誘発されやすく，予測のつかない突然の出来事に対して勘違いや思い込みが起こりやすいことが推察できます。Bくんが頻繁に対人トラブルを起こすようになったのは，他児との関わりが増えたことで，より複雑な環境への適応を求められることになり，Bくんの衝動性が表れやすい状況になったからであると思われます。

(2) 課題解決のための支援計画を立てて支援をおこなう

　1番目の目標を衝動性を抑制できるようになることとし，イライラしたら支援者にその感情を伝えるなどの方法を促して，相手に衝動的に向かわないようにします。そして，Bくんが怒りを伝えてきたときにはその行動を褒めて行動を習得させます。

　また，衝動的になりそうなときに，自分でコントロールできるようなサポートとして，コントロールする内容や結果を表にするなどの見える化（視覚的情報にして伝えること）をして衝動の抑制を促します。その他にも怒りの程度を自分で大きさや長さなどの絵や図に示す，怒りを感じたときに，胸に手を当てる，こぶしを握り締めるなどの我慢のポーズを決めて，落ち着くことに注意を向けるなど，自分の感情や感情の変化を意識できるような支援をおこなうことを決めました。

目標の2番目はトラブルになった場合に問題解決ができるようにすることです。他児とのトラブルを発見したら大声で叱るのではなく，安全を確保した後にBくんの気持ちを十分に聞き，そのあとにBくんと状況を振り返りながら，支援者が冷静にBくんに相手の状況を説明します。その上で相手の子どもに謝るなどの対応を一緒に考え実行を促します。今後，同じように衝動的になったときの対処方法を確認するようにしました。また，Bくんが手を出してしまった子どもの心情に対しても配慮を忘れないようにします。手を出された子どもの心情に共感し慰めた上で，Bくんの気持ちを代弁するように心がけます。また，相手の子どもが衝動性を誘発していたとしても相手の子どもに対しては責めたり，Bくんの乱暴な行動を納得させたりしないように留意します。

　3番目の目標としては，お友達との良好な関わりが増えることです。支援者が仲介して，子ども同士の関わりの中でBくんの良いところを引き出し，プラスの関係を築くようにします。グループの一員としてBくんの存在を，まわりの子どもが肯定的に意識できるように，当番活動などグループの子どもへ良い影響を与えることのできる役割を任せ，グループの中でのBくんの居場所をつくることを大切な支援の柱としました。

5　個別支援からグループ支援へ

　児童発達支援計画で支援内容を決める際には，「いつ」，「どこで」，「誰が」，「どのように」，「どのくらい」支援するかということが，常に明確になっていることが重要であるということは前述しました。発達支援においては多職種の支援者がひとりの子どもに多様な場面で関わることが少なくありません。「誰が」については，支援の方法は職種によって多少の違いがあったとしても，関わる支援者間で子どもの長期目標について共通理解をして，お互いの役割分担を明確にしていくことが重要です（第2章参照）。

　「どこで」については，特に場所というより，どのような場面においてということを意味することが多く，個別場面での発達支援と集団場面での

発達支援の関係を考えることが重要になります。「誰が」と同様に「どこで」についても同じ長期目標に向かって，それぞれの場面の持つ特徴を生かして発達支援をしていくことが必要です。

　子どもと支援者の1対1の個別支援では，子どもの発達の状態や子どもの特徴をアセスメントしやすく，児童発達支援計画に基づいて丁寧に継続的に支援がおこないやすいという特徴があります。支援者にとっては，個別支援場面で子どもとの関係を構築したり，個別支援で理解した子どもの状態を集団場面に生かすためにも，個別支援での子どもとのやりとりは重要です。また，子どもにとっては児童発達支援計画の中で決められている支援内容を，個別にその子どもに合わせた環境の中で，じっくりとした丁寧な支援が実施されることにより，安心して集中して課題に取り組むことが可能になります。

　しかし，発達支援の目標は，ひとつの場面，ひとりのひととの関係の中で，できないことをできるようにすることに留まらず，子どもが生活のさまざまな場面で主体的に喜びを持って過ごすことができるようになることです。そのために，個別で発達支援をおこなう支援者には，子どもの集団活動への主体的な参加の土台となるような力を育てる支援が求められます。

　[事例]　ダウン症の3歳児Cちゃんの遊びの目標のひとつは，指先の巧緻性を高めて，自信をつけて，自発的に遊びに取り組めるようになることだった。Cちゃんは個別支援の集中した時間に台紙を洗濯バサミで挟む活動ができるようになった。そのことがうれしかったCちゃんを，支援者は他の子どもとの3人とのグループ遊びに誘い，一緒に洗濯バサミで台紙を順番に挟む活動を楽しむことができた。その小集団の活動を通して，順番待ちなどのルールを理解し，お友達とのやりとりの楽しさを経験したCちゃんは，そのことが契機となり，クラスでのお集まりや行事なども，お友達と一緒に楽しめるようになり，最近では，苦手だったシール貼りやひも通しなど指先を使う活動にも自発的に挑戦する姿がみられるようになった。

　この事例からもわかるように，個別の発達支援と集団での療育は車の両輪のように関連しあって子どもの発達に大きな影響を与えるものであると

いえます。

引用・参考文献

厚生労働省（2017）．児童発達支援ガイドライン　https://www.mhlw.go.jp/file/06-Seisakujouhou-12200000-Shakaiengokyokushougaihokenfukushibu/0000171670.pdf（閲覧日：2018 年 8 月 2 日）

増南太志・山本智子（編著）（2017）．よくわかる障害児保育　大学図書出版

第5章

さまざまな支援技法

1　支援方法・技法というものの使い方・考え方

　世の中に療育・発達支援に関する支援方法・技法と言われるものは，昔からあるもの，最近編み出されたものを含めて非常に数多くあります。ですからここに紹介するものだけではないということをまずは確認しておきたいと思います。

　具体的な支援方法・技法を紹介する前に，それらの使い方，考え方について大切なことをお話ししたいと思います。

(1)　「方法・技法」が最初にあるのではなく，「子ども」が最初にある

　子どもは一人一人個性的で持っている力も困難もこれまでたどってきた道筋も異なります。ですから，あるひとつの方法・技法が，いつでもどの子どもでももっとも適したものであるということはあり得ません。どのようにすぐれた方法・技法であっても，子どものニーズに合わなければ適用してもしかたありません。つまり，図5-1のようなことは考えにくく，むしろだからこそ支援に携わる者はできるだけ多くのすぐれた方法・技法を知り，身につけ，研究していく必要があります。そうすることで，図5-2

第 5 章　さまざまな支援技法

図 5-1　ひとつの支援方法・技法をどの子どもにも適用する

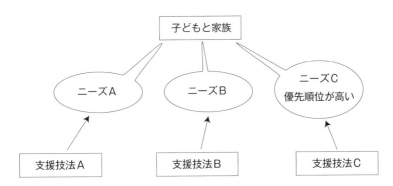

図 5-2　子どもと家族のニーズに合わせて技法を選ぶ

のように，子どものニーズに応じて，その都度必要な方法・技法を選択し，適用していくことが可能になるのです。

(2)　子どもに対する的確なアセスメントがベースになる

(1)で述べたように，子どものニーズに合った方法・技法を選び，子どもに合わせて適用していくことがその都度求められますから，当然その前には的確な子どもの理解すなわちアセスメントがなされていることが土台となります。もしも，方法・技法を適用しても予想されたような結果が得られなかったときには，再度子どものアセスメントとニーズの把握のやり直しをおこなう必要があります。

(3) 多職種連携が必要になる

　今回紹介する技法の中では，次節（2　それぞれの支援方法について）の(2)感覚統合理論が作業療法士，(3)の拡大・代替コミュニケーションが言語聴覚士等，担う職種も多種多様です。しかし，「感覚統合の問題は作業療法士に任せておけばよい」という姿勢ではなく，他職種の人間ができる限り，そのことについて学び合うことで，より包括的な支援ができます。

(4) 方法・技法を適用する目的を明確にし，効果を検証する

　的確なアセスメントにも通じることですが，方法・技法を適用するからには，その目的を明確化し，それを個別の支援計画に明示し，ある一定の期間を置いてその効果を検証していかなくてはなりません。効果もあいまいなまま漠然と続けていくことは，支援とは言えません。そして，もし効果があまり認められないのであれば，その原因を探り，適用の仕方を変えるか，方法・技法の適用自体を再検証することが必要になってきます。

(5) その方法・技法の寄って立つ理念を知り，大切にする

　すぐれた方法・技法は，すぐれた子ども観，障害観，支援観から生み出されています。そうした理念を知らずに，方法・技法のノウハウだけを取得しようとしても，結局よい支援にはつながりません。方法・技法は，子どもに効率よく教えたり，おとなの言うことを聞かせることで支援者が楽をするためのものではありません。ノウハウよりも，その方法・技法を適用しながら，さらに深く子どもと向き合うこと，子どもを理解しようとすること，そうしたことこそが支援と言えるのだと思います。また，方法・技法の寄って立つ理念を知ることが，支援者の支援の幅や深みを増すことにもつながるでしょう。

　すぐれた子ども観，障害観，支援観と述べましたが，方法論的には大きく異なる方法・技法であっても，突き詰めていくと共通した子ども観，支

援観を持つということは以前からよく指摘されることです。その支援観のベースになるのは，子どもの主体性を大切にするということです。そのことを各方法・技法がどのように具体化しているのか，支援しながら子どもから学び続けることが，次の支援や支援者の専門性の広がりにつながります。

2 それぞれの支援方法について

(1) TEACCHプログラム

　TEACCH　とは，Treatment and Education of Autistic and related Communication handicapped CHildrenの頭文字をつなげたもので，米国ノースカロライナ州で1972年以来おこなわれています。自閉症等コミュニケーションに障害のある当事者とその家族を対象とした，早期診断から成人期の就労や余暇支援に至る包括的なプログラムのことです。

　ノースカロライナ州立大学のショプラー博士がこのプログラムの開発を開始した当時は，精神分析学派の影響が強く，自閉症は親の不適切な養育環境に対する心理的な防衛反応であると考える理論が目立っていました。しかし，その中でショプラー博士は，自閉症の脳機能障害説の立場をとり，自閉症の認知的ニーズにあわせた教材や環境を構成することを療育の視点にして，成果を上げていきました。

　TEACCHプログラムの特徴として，当事者が幼児期から成人するまでの一生を地域で生活するための長期的・体系的なプログラムであること，自閉症のひとびとの行動様式を文化のひとつとしてとらえ理解しようとすること，専門家のセラピストの支援と同等以上に親の療育への関与を期待すること，予測不能な状態が苦手である特性を持つ自閉症児に対して，整理され，構造化された環境をつくることがあげられます。

　前述したようにTEACCHプログラムでは，自閉症のひとの感じ方や理解の仕方を「自閉症の文化」としてとらえます。TEACCHプログラムは，この「自閉症の文化」と現代の社会で一般的とされる文化との違いに焦点

を当てて自閉症のひとのみに修正を求めるのではなく，自閉症の当事者の生活の質（QOL）向上のために，その文化を理解して尊重をし，彼らの周囲の物理的環境，およびコミュニケーション環境を生涯にわたって設計し続けるプログラムであるといえます。

TEACCHでは，主要な柱として「アセスメント」「構造化」「コミュニケーション」があげられます。

① アセスメントについて

TEACCHでは自閉症であるかどうかを判断するためのCARS（小児自閉症評定尺度）という診断検査や個別の支援計画を立てるための指針となる検査としてPEP（自閉児・発達障害児童教育診断検査）やAAPEP（青年期・成人期心理教育診断検査）を実施します。我が国では自閉症の診断は医療機関でおこなわれるため，実際の療育現場ではPEPやAAPEPの検査やWISCやWAISなどの知能検査をおこない当事者の特性を理解した上で，その特性にあわせた構造化の支援をおこないます。

医療機関等で実施されることが多いCARSは，15項目の尺度で構成されており，1点から4点（その間に0.5点の中間点が設けられています）で採点し，その合計によって自閉症児か否かを判断します。

PEPは2018年現在第3版（PEP-3）が使用されています。対象児の年齢は，生後7カ月〜83カ月（6歳11カ月）の乳幼児で，発達尺度として「認知言語」「表出言語」「受容言語」「微細運動」「粗大運動」「視覚―運動模倣」といった6領域の発達スキルと「感情表現」「社会的相互関係」「特徴的な運動行動」「特徴的な言語行動」といった4領域の適応スキルにおいて172の検査項目が設定されています。さらに，保護者からの聞き取りによる「問題行動」「自己管理」「適応行動」などの下位検査も設けられています。

PEPは小学校に入る前の乳幼児のための検査，すなわち家庭や幼稚園，保育園から小学校への移行のためのアセスメントで，IEP（個別教育計画）を策定するための資料として使われます。これに対してAAPEPは，学校から地域での成人生活への移行のためのアセスメントです。AAPEPをもとにアメリカでは1990年に"From School to Work"を目指して

ITP（個別移行計画）が設定されました。わが国でもその「個別移行支援計画」に基づいて学校卒業後の就労を目指して早期からの進路指導教育がなされつつあります。その「個別移行支援計画」策定のための資料がAAPEPです。

② 自閉スペクトラム症の子どもの発達支援における構造化の実際

自閉スペクトラム症の子どもは，自分の周囲で今，起きていること，これから起きることや自分のおこなうことが明確に整理されていないと混乱してしまう場合があります。そのため，TEACCHプログラムでは，「構造化」という手法を用いて環境を整理することで，子どもの状況理解を促し，主体的な適応ができるように支えます。

1）物理的構造化

子どもは環境が整理されると，心理的にも安定し，意欲的に活動や学習へ参加ができるようになります。子どもが過ごす空間を活動のエリアごとに整理することは，環境の適応に混乱の多い自閉スペクトラム症の子どもが，意欲的に活動や学習へ参加するために有効な手段のひとつです。これを「物理的構造化」と言います。

物理的構造化では，期待される行動と場所（勉強する場所，遊ぶ場所，食事をする場所，落ち着く場所など）を対応させ，そのエリアを明確な仕切り（ついたて，棚，囲い，カーペットなど）で分ける手法をとります。活動エリアの分け方としては，ワークエリア（作業，勉強をする場所），プレイエリア（遊ぶ，落ち着くための場所），トランジションエリア（中継地，その日あるいはこの後何をすればいいかなど，個別スケジュールが確認できる場所），カームダウンエリア（感情的になったとき，冷静になるための場所）などに分ける方法があります。

2）時間の構造化

自閉スペクトラム症の子どもは，時間の概念を理解することが難しく，自分で先のことを見通すこと，先を想像することに困難があります。そのため，前もって何が起こるのか，何をすればいいのかがわからないと不安やパニックに陥りがちです。子どもの不安を軽減し，子どもが安心して学習や作業に取り組むためには，「スケジュールを決める」ことが有効で

す。自閉スペクトラム症の子どもは，視覚的な理解が得意な場合が多いため，写真やイラストを用いて時間割のカードを作り，スケジュールボードに順番に貼ることでスケジュールを提示すると，スケジュールの理解が容易になり，スケジュールに合わせて自分のするべきことがわかるようになります（図5-4, 5-5）。終わったらカードを外すというルールにしておく

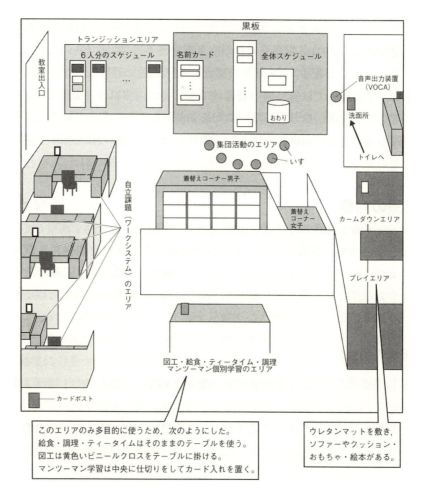

図5-3 物理的構造化（梅永, 2008, p.50）

第5章 さまざまな支援技法

図5-4 1日のスケジュールボード

図5-5 スケジュールボードに使用する行事のカード

と，終わったことと，先に起こることがわかり安心して行動ができるようになります。

　自閉スペクトラム症の子どもの特性を生かしたこのスケジュールシステムによる時間の構造化によって，子どもが安定して過ごすことができるようになり，おとなが安心する傾向が強まります。しかし，構造化の目的は子どもをおとなの都合でコントロールすることではなく，主体的な環境適応によって，子ども自身の生活の質を向上させることであることを，支援者は常に念頭に置いておく必要があります。

3）学習，作業の構造化

　状況を理解したり，先を見通すことに困難がある自閉スペクトラム症の子どもが自発的にひとりで，教材や教具での学習や作業などに取り組むことを目的にした構造化の方法を，「ワークシステム」といいます。

　ワークシステムは一人一人の特性に応じて環境を構造化したワークエリアで実施します。周囲の刺激に気が散りやすい子どもは，壁やついたてを利用して学習机を配置し刺激を遮るなどの工夫をします。

　ワークのスケジュールボードに示した数字カードの順番に合わせて，同じ数字カードが貼ってある箱を選び，その中に入っている教材や教具による学習や作業をおこなうのはワークシステムの一例です（図5-6）。

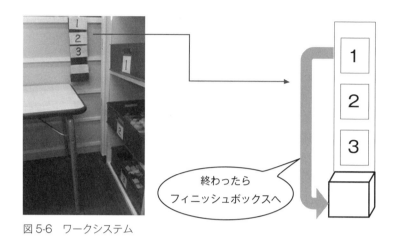

図 5-6　ワークシステム

　自閉スペクトラム症の子どもには，その特徴にあわせて，ルーティーンに取り組めるように構造化したワークシステムが工夫されます。しかし，感覚の偏りが強く自発的，目的的な遊びや学習が広がりにくい自閉スペクトラム症の子どもにとって，特に幼児期や児童期には作業をこなすという活動にとどまらず，自発的な遊びや学習を広げることを目指すことが大切です。その目的に向かって，子どもがこのワークシステムを理解してひとりで取り組めるようになったら，支援者は「手伝って」の絵や文字カードを用意して，子どもが支援者と少し難しい課題にチャレンジしたり，達成に向けて試行錯誤をしたりできるように工夫していくといいでしょう。

③　コミュニケーション支援

　自閉スペクトラム症の子どもは発達の初期においては自発的なコミュニケーションが少なく，自分の意思や要求をことばで表現できなかったり，相手が話したことばの内容を理解することが難しかったりする場合が多く，彼らのコミュニケーションスキルを正確に評価した上で，適切に支援することが必要です。
　TEACCHプログラムでは，一人一人の機能水準に合わせて，日常生活における実用的な意思伝達の能力を促進することを目的に，コミュニケー

第5章　さまざまな支援技法

ションスキルを教えます。発語によるコミュニケーションに困難を抱えている自閉スペクトラム症の子どもにとっては，支援方法として「視覚的構造化」が有効です。視覚的構造化とは，会話によるコミュニケーションではなく，「実物」「絵，イラスト」「写真」，場合によっては「文字」を通してコミュニケーションを整理する方法です。

図5-7　コミュニケーションボード
　　　　明治安田こころの健康財団
　　　　（https://www.my-kokoro.jp/communication-board/）

(2) 感覚統合（Sensory Integration：SI）理論

① 感覚統合理論とは

　感覚統合理論は1970年代にアメリカの作業療法士が構築した考え方です。日本では作業療法士だけでなく，教育・保育の場でも積極的に活用が試みられて現在に至っています。

　感覚統合理論は，まずはひとがとる行動を理解するために用いられます。次に，その行動の変化を求めるにはどんな対応が好ましいかを計画します。計画したものを実施すれば，どんな結果を生むのかを推測するためにこの理論が用いられます。

　「感覚統合」とは脳の中に想定されているある働きであり，一言でいうと「感覚情報の交通整理」です。私たちがこの世界に生きているときには，自分が意識しているいないにかかわらず膨大な量の感覚情報が脳に届けられています。たとえば，今この本を読んでいるあなたの視野には，本の他に本を支える手や机，隣にある本棚，などが映っていると思います。音はどうでしょうか。雨の音，他のひとの話している声，外を通る車の音……体に触れている衣服の感覚，靴下の締め付ける感覚，組んだ足のしびれ，暑い・寒い……これらの届けられる感覚情報のすべてに注意を向け，処理をしていてはキリがありません。私たちは日々感覚情報を処理するために生活をしているわけではなく，その他取り組むべき大切な作業活動が山ほどあります。子どもたちで言えば，遊ぶこと，食事をすること，寝ること，風呂に入ること，勉強すること，などがあるでしょう。そのため，私たちの脳の中では，感覚情報についてはある程度自動的に交通整理がされて，必要があるときだけ注意を向ければ済むようなシステムになっています。ふと気が付けば「お腹がすいたな」と感じることもその一例です。この交通整理のシステムが感覚統合で，おとなも子どもも誰でも備えている働きです。

　ただし，この働きについては個人差があります。感覚統合があるかないかではなく，うまく働いてくれているひととそうでないひとがいるということです。発達に障害がある場合，この働きがうまく回ってくれないことが多くなります。

第5章 さまざまな支援技法

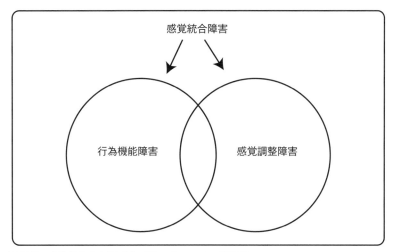

図 5-8 感覚統合のトラブル（Bundy et al., 2006）

② 感覚統合の働きのトラブル

　感覚統合がうまく働かないとどういうことが起きるのでしょうか。感覚統合のトラブルは大きく2つに分かれると考えられています。ひとつは感覚調整障害と呼ばれるタイプであり，もうひとつは行為機能障害と呼ばれるものです（図5-8）。

1）感覚調整障害

　感覚調整障害はさらに，感覚に過敏に反応する様子が見られる感覚防衛のタイプと，感覚をたくさん求める感覚探求のタイプに分かれます。

　感覚防衛のタイプでは，ある感覚に対して一般的には感じないような不快や苦痛を感じます。触ることが気持ち悪かったり，音に恐怖感を覚えたりなどです。療育の現場で多く見られるのは，歯磨き，耳かき，顔拭き，頭を洗う，顔が濡れる，絵の具や粘土・砂に触れるなどを嫌がる，ひとごみなどを嫌って集団活動の場に入れない，などです。段差に上ること，揺れる物などに強い恐怖感を覚え，滑り台，ブランコ，ジャングルジムなどで遊ぶことが困難で，また偏食になっていることもあります。音が嫌いな子も少なくありません。泣き声や楽器の音，パトカーや掃除機，ドライヤ

ーなどが苦手なものとしてよく話題にあがります。

　逆に感覚を強く求める感覚探求のタイプでは，ぐるぐる回る，トランポリンやブランコから降りてこない，ぶら下がること，床や壁を叩く，強く握る，砂や布やひとの肌を触り続けることを好む，などです。布団の下に子ども自身が潜り込んで寝ることもあります。ちなみに寝るときは本人の特徴がよく表れる場面のひとつであるので保護者に聞いてみることをお勧めします。

　DSM-5から自閉症スペクトラム障害（ASD）の診断基準のひとつに「感覚入力に対する敏感性あるいは鈍感性，あるいは感覚に関する環境に対する普通以上の関心」という項目が記載されました。この感覚統合理論で言うところの感覚調整障害が表現されていると言えます。ただ，感覚調整障害があることが，即ASDであるということを意味するわけではありません。いわゆる定型発達の場合でも，他の障害の場合でも感覚調整障害を持っていることは少なくありません。

2）行為機能障害

　運動の不器用さを抱えている子どもたちの中には，スキップや縄跳びが極めて苦手だったり，跳び箱を跳べなかったり，片足立ちができない，ハサミを上手に扱えないといったこともあります。このような姿を示す子どもたちは，近年では発達性協調運動障害（Developmental Coordination Disorder：DCD）として注目されています。

　行為機能とは，不慣れな行為をおこなうときに，その行為の手順を考え，組み立てる脳の働きを指します。似た概念にはプランニングがあります。

　この行為機能がうまく働くためにはいくつかの発達の力の積み上げが必要ですが，そのひとつに自分の身体に関する情報である身体図式（似た概念にボディイメージということばがあります）があげられます。自分の身体はどんな運動ができて，どの程度のスピードやパワーを持っているのかや，身体のサイズなどを把握することで，自分の身体をどのように扱えばよいのかがわかります。感覚統合にトラブルを抱えていると，育ちの中でこの身体図式がうまく育たないことがあり，それが行為機能の働きに影響を与えてしまいます。

　それとは別に行為機能の働きそのものがうまくいかない場合もあります。

これも感覚統合機能のトラブルのひとつであり、個人差があります。

それらの結果として、さまざまな運動課題に取り組むときにうまく行為機能が働かず、不器用と呼ばれることになります。

ちなみに、運動とは食事、着替え、勉強、話をするなど生活のすべての場面で必要です。声を出すのも発声運動や口腔運動ですし、食事をするときの姿勢調整・食具の操作・咀嚼なども運動です。

③ 感覚統合のエッセンスを用いた支援

厳密な意味で感覚統合療法を実施するためには、感覚統合理論に基づいた評価をおこない、支援計画を立案し、その計画を実施することになります。これらを実施するためには多くの知識と技術と経験が求められます[注]。

日々の療育の中で有益なのは、厳密な意味での感覚統合療法をおこなうことだけでなく、感覚統合のエッセンスを用いて支援を展開することです。感覚統合のエッセンスとは何かというと、それはまず「一人一人感覚のとらえ方が異なる」という視点を持つことです。そして「行動には必ず意味がある」という視点です。

冒頭で感覚統合理論では「まずはひとがとる行動を理解する」ことをあげました。実際に「一人一人感覚のとらえ方が異なる」という視点に立った理解の仕方は図5-9のようになります。ここで大事なのは、おとなである私たちが一般的にどう感じるかということではなく、その本人はどう感じるのかというところに視点を持つことです。例で示した5cmの段差など、一般的には段差があるとも認識しないほどではないでしょうか。それでも、本人にとってみれば、移動を拒まれる高さであるという視点を持つことが重要です。一般的には感じないにおいや、光の加減など、それぞれの子どもたちの感じ方が子どもたちの行動に影響を与えているのです。

次に、「行動には必ず意味がある」ですが、図5-9で示したように、一般の子どもたちが楽しく参加するはずの公園遊びや園の行事などに参加しないという行動には、感覚のとらえ方の違いという意味が潜んでいました。

注：研修の機会が用意されているので、詳しくは日本感覚統合学会のホームページにアクセスしてみてください。

```
┌────────────────────────────────────────────────────┐
│ ○皆が好きな粘土を嫌がるのはなぜだろう？              │
│   →触る感覚が苦手な子もいる                          │
│     →だからこの子は触らないのか！                    │
│                                                    │
│ ○公園に行くのを嫌がるのはなぜだろう？                │
│   →揺れる遊具が苦手な子もいる                        │
│     →だから，この子はその遊具がある公園を嫌がるんだ！│
│                                                    │
│ ○運動会の踊りの練習に参加するのを嫌がるのはなぜだろう？│
│   →行為機能に苦手さがある子もいる                    │
│     →だから，一生懸命にやっているのに覚えられないのか。それで練習が│
│       嫌いになったんだ！                             │
│                                                    │
│ ○玄関を出るときに座り込んでしまうのはなぜだろう？    │
│   →高さをこわがる子もいる                            │
│     →玄関の5㎝の段差を怖がっていたのか！             │
└────────────────────────────────────────────────────┘
```

図5-9 「一人一人感覚のとらえ方が異なる」という視点に立った理解の仕方

必ず「意味がある」と思って探すこと，考えることで，意味は発見されます。
　行動が理解できることは支援としての大きな一歩になります。たとえば運動会の練習に参加を拒んでいた背景となる理由がわかるだけで，本人への声かけ・働きかけ方が異なってくるはずです。また，声かけなどの対応が変わるだけでも，本人はとても楽になるでしょう。したがって，筆者は，何はなくとも，まずは行動を理解することから始めることを大事にしています。

④ 感覚統合理論を適用する対象者
　かつて感覚統合理論を適用する対象として障害種別が限定されていたり，年齢に制限があるような説明がされていたことも散見されました。もちろん低年齢の方が変化は得られやすいということはありますが，一方で前述したように，感覚統合のエッセンスである「行動を理解する」ことに軸足

を置いた場合には，年齢はあまり関係がありません。対象となる障害種別も関係がないと言えるでしょう。定型発達であっても，「行動を理解する」というスタンスで対応が可能であり，さまざまな場面で活用できると言えます。

⑤ 感覚統合理論における具体的な支援方法

以下に支援方法の例を示します。

集団で楽器遊びをしていたある男の子は，楽器遊びの途中で突然走り出し，壁を叩いたり，机の下に潜り込んだり，先生が弾いているピアノに割り込んでかき鳴らしたりする姿が何度か見られた。

よく場面を観察していると，先生が見本として演奏しているときは，このような姿が見られず，子どもたちが演奏を始めるとその行動が生じていた。

本人と話をしてみた。「もしかして，うるさい？」「うん」ということだった。

そこで，さっそくタオルを使って耳をふさいであげて，楽になったことを確認した。その上で，友達が演奏をするときにはしばらくはOT（支援者）の近くにいてよいこと，耳ふさぎをしてよいことを本人に伝えた。

しばらくしてから，自分で耳ふさぎをできるよう教えてあげた。すると，そのタオルを持ったまま自分の席にもどっていった。

感覚に苦手さを持っている子どもへの支援でもっとも重要なことは，本人にとっての安心と安全を保障することである。そして，次には，自分でその安心・安全を作り出す方法を身につけることと言える。

(3) 拡大・代替コミュニケーション（AAC）

障害を持っている子どもに関わっている方に，「子どものコミュニケーションに何か課題がありますか？」と聞いたところ，「質問に対して，表情やしぐさでYes-Noを応えてくれるので，やりとりには不自由しません」ということばが返ってくることが多々あります。この状態は，コミュ

ニケーションと言えるでしょうか。このひとは困っていませんが，その子は伝えたいことが伝えたいときに伝えられないと困ってはいないでしょうか。「コミュニケーション」とは，一方的に話しかけるものではなく，双方向的なやりとりで，どちらからも始められるものです。

　しかし，ことばがうまく話せない，ことばが思いつかないなど，話すことに不自由していると，自分から積極的に話すことができにくくなります。AAC（Augmentative and Alternative Communication）とは，話しことばに限らず，さまざまな手段とそのひとに残された能力（言語・非言語問わず）を活用して，相手に伝えることです。相手に伝わることで，満足感，達成感を味わい，自信を持ち，意欲を持つことにつながっていきます。コミュニケーションができないと，ひととの関わりが少なくなったり頑なになったり，マイペースになったりもするでしょう。AACを導入することにより話さなくなるのではという懸念も聞かれますが，話しことばの妨害になることはありません。まず，伝わることが大切です。

① コミュニケーション手段

　私たちは，ことばのわからない海外に行ったときに，身振り手振りや絵を描いたり，最近では翻訳アプリを使ったり，一生懸命伝えようとします。さまざまな手段を以下の3つに分けて考えていきましょう（表5-1）。

1）ノンテクノロジー（物を使わない）

　指差し，身振りなどによるコミュニケーション手段です。模倣の得意な子どもに適しています。具体的には，マカトンサインなどがあります。

2）ローテクノロジー（非電子である物を使用）

　遊びカードや絵本カード，コミュニケーションシートやブックなど電子

表5-1　主たるコミュニケーション手段

A	ノンテクノロジー	表情・視線・しぐさ・指さし・直接行動・Yes/Noサイン・身振り・手話
B	ローテクノロジー	文字・点字・シンボル・写真・絵
C	ハイテクノロジー	VOCA・パソコン・タブレット・スマートフォン

第5章　さまざまな支援技法

　　遊びカード　　　絵本カード　　コミュニケーショ　コミュニケーショ　　　PECS
　　　　　　　　　　　　　　　　　　ンシート　　　　ンブック

図5-10　ローテクノロジーのツールの例

　機器以外の物によるコミュニケーションです。シンボルには，PCS，PIC，ドロップスなどがあります。また，絵カード交換式コミュニケーションシステム（PECS）もあります。絵や助詞の文字を使用して文章で表現することなどにも使用できます（図5-10）。

　[写真カードを用いた事例]　4歳児。療育室の棚の上に大好きな絵本がある。手さしをして「アー」と言っている。そこで，その絵本の写真カードを子どもの手の届くところにテープで貼っておいた。そのカードを手渡すと絵本をとってもらえることを，まずはカードを貼った場所での手渡し，それから離れたおとなにカードを持ってくるという手順を踏み学習していった。その後，絵本だけではなく，療育室にあるさまざまな教材の写真をマジックテープで貼ったシートから選択できるようになった。教材だけでなく，「おしまい」や「おもしろい」などのカードも増やしていくために，シートだけではなく，ブック（葉書フォルダー）も作成し，それを指さしながら会話することを始めている。

3）ハイテクノロジー（電子の物を使用）
　電子機器を用いたコミュニケーションです。VOCA（Voice Output Communication Aid：音声出力型コミュニケーションエイド）は，機器を操作して音声を出すことができます。音声フィードバックがあることで，音声で伝えることを知り，発語の拡大にもつながります。また，パソコン，タブレット，スマートフォンなどにもコミュニケーションのためのさまざまなソフトやアプリがあり（図5-11）これらのツールは多くのひとが使用

　　ビッグマック　　スーパートーカー　　トーキングエイドライト　　タブレット

図5-11　ハイテクノロジーのツールの例（VOCA）

しているので，特別な機器としてみられることもなく手軽に使用できます。

[VOCAを活用した事例]　3歳児。ブランコが大好きで，ブランコを止めると大きな声で怒る。怒るのではなく「もう1回」と人差し指を立てることを伝えたが，指を見ることも触れることもしなかった。そこで，VOCAのひとつビッグマック（BM：「もう1回」と録音）を導入した。ひとの声より機械的なBMは好み，最初はバンバン叩いて遊んでいたが，BMを押したら揺れが始まることを繰り返し体験させていくと，1回押し，揺れを期待するようになり，BMを遊びの道具としてではなくコミュニケーションの道具として使い始めた。それから，「もう1回」と人差し指を立てる（実際は，人差し指を立てるのではなく手を振っていたが）ことに移行できた。

② 対象者

　AACを導入しようとするときに，話しことばが出ないひと，少ないひとを対象にすることも多いかと思いますが，以下のようなひとにも導入していきます。
- 難聴や口腔機能に課題があり，話しことばの産出が難しい。
- 話しているが，発語不明瞭で相手に伝わらない。
- ことばは理解しているのに，話しことばが少ない。
- ことばが増えなかったり，つながらないため，話す内容が広がらなかったり，発語がパターン的で，やりとりが続きにくい。
- 何を伝えてよいかわからない。自発的に始められない。

など，コミュニケーションに不自由しているひとすべてが対象です。

③ 具体的な支援方法と事例

　AACは，環境を整備し，繰り返し学習していくことで活用できるようになります。以下のようなことが支援のポイントとなります。

- 大好きな活動や物やひとなどを把握し，おとなの手助けが必要な場面や好きな活動が終わってしまう場面をあえて設定し，表現するチャンスを作る。例）ヨーグルトの蓋が開かない。自分では吹けないシャボン玉。好きな物が手の届くところにない。
- おとなの読み取りが大事。子どもの行動や言動をよく観察し，その表現を尊重し，受け止め，対応する。たとえば，シーツブランコが終わる→待つ→子どもが身体を揺らす→揺れを開始するのように，子どもが身体を揺らす表現からシーツブランコを要求する思いを読み取り，揺らすという対応である。
- 「〜したら〜なる」という簡単な因果関係を成立させ，外界に関わることで外界が変化することを体験させる。たとえば，渡すと開けてもらえる。スイッチを押すと光る。ビッグマック（「いただきます」の音声が入力されている）を押して食事が始まる。
- 場面や手順を決めるとわかりやすい。たとえば，音楽が止まる→人差し指を立てる→音楽が鳴るのように，人差し指を立てることで音楽が始まるという手順を決める。
- 子どもが選択する機会を設ける。おとなが何でも先取りしておこなわないことで，自己選択，自己決定できるようにすると，それが満足感につながる。
- どの手段を使用するか，提示する絵やシンボルなどの内容，カードなどの大きさ，選択肢の数，選択方法（指をさすか，はがすか）など，子どもの能力に応じて試行錯誤を重ねる。また，入力装置やスイッチも押すだけでなく小さな筋肉の動きや視線，脳波を使うものなどもあるので，適切なものを検討する。
- 手段はひとつとは限らないので，子どもの能力に応じて組み合わせる。家庭でおこなう場合は，家庭の状況なども考えながら具体的に手段を使用する場面を決め，経過を追いながら丁寧に支援していく。
- 特にハイテクノロジーコミュニケーションエイドは，日々進化している

ため，より簡単に，より便利に，より安価にを目指し，新しい情報を把握することが必要である。

[給食場面での事例]　子どもの能力によって，さまざまな手段を準備した（図5-12）。
①ふりかけが欲しい→ふりかけのパッケージを貼ったカード
②何回も野菜をおかわり→2回でおしまいと2つのミニチュア野菜（キャベツミニチュアを半分にカット）
③牛乳が飲みたい→お茶との選択
④食事のメニューや「おかわり」「へらして」「ごちそうさま」などのシンボルが並んでいる，はがす（指さす）シート
⑤文字で「○○はすき，きらい」「おしまいにしたい」などが書いてあるシート

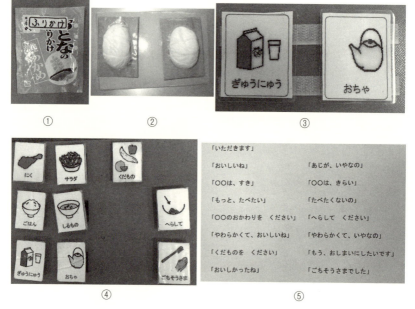

図5-12　子どもの能力に合わせたコミュニケーション手段（シートなど）

子どもたちは，本来，話をすることやひととやりとりすることが大好きで，伝えたいことを持っています。お互い気持ちが通じ合い共感できることが，何よりも大事です。AACを積極的に使用し，一方的な関わりでない双方向のやりとりを重ねていく中で，子どもの持っている力に気付かされることがよくあります。残念ながら，特にハイテクノロジーコミュニケーションエイドの使用は園や学校など集団場面ではあまり進んでいませんが，合理的配慮として，AACを眼鏡のように身体の一部のように使用し，やりとりの中で自己実現したり自己有用感を感じたりすることが，子どもたちの将来の自立や豊かな人生に結びついていくことを願っています。

(4) ソーシャルスキルトレーニング（Social Skills Training：SST）

　ソーシャルスキルトレーニング（以下 SST）は，現在さまざまなところで使われている割には，ソーシャルスキルについても SST についても決まった定義がありません。一般的には，「集団行動をとったり，人間関係を構築したりするうえで必要な技能」（岡田ら，2014）とされています。また，SST に関しては，その技能のトレーニング全般を指し，さまざまな形態ややり方があります。

① なぜSSTが必要なのか

　一般的に子どもは，対人関係や社会生活に必要なスキルを，家庭や園，学校などの中でひととやりとりしながら，またはひとがやりとりしているのを観察しながら獲得していきます。しかし，自閉スペクトラム症（ASD）に連なる社会性の困難を持つ子どもであれば，そうした一般的な環境でおのずから獲得することが難しいのです。なぜなら，社会性の困難を本質的に持つ子どもたちは，他者の表情を読み取って気持ちを推し量ることや，社会的な文脈の中で多くの情報を同時に処理すること，自分自身の感情を理解してことばで表現したりすることが困難だからです。そのため，まわりの子どもたちがうんざりしているのにひとりでしゃべり続けてしまったり，パーソナルスペースに気付かないで近づきすぎてしまったり，たまたまぶつかってしまっただけなのに相手がわざとぶつかったと勘違いし

て怒り始めてしまうなど，本人が意図しないところで，対人関係を築きにくくするような行動をとってしまうことがあります。そうした行動がなぜ不適切なのか，そしてどういう行動が適切なのかを学び，実生活で適切な行動がとれるようにするためにSSTが適用されます。

② SSTの形態

SSTの形態は個別と小グループがあり，その両方を並行しておこないながら効果を高めるやり方もあります。私の知っている5歳のASDの女児は，療育者との個別のセッションの中で，自分が悲しいときに笑ってしまうことに気付き，療育者に助けられながら自分の気持ちを振り返ること，気持ちに気付くこと，不安な気持ちや悲しい気持ちを表現することを学習していきました。このようなテーマですと，小グループより個別のセッションの方が，安心してその子どものペースで学習していくことができます。こうした個別のセッションは，子どものプレイセラピー[注1]や認知行動療法[注2]にも通じるものがあります。

それに対して小グループでのSSTは，小グループであるためにある程度子どもたちの行動や環境など，刺激・情報が構造化できること，学ぶスキルや子ども同士のやりとりに個別ではできない広がりが持たせられること，子ども同士がモデルになりうることなどの利点があります。ただし，適切な学びのためのグループメンバーの構成は，慎重に検討される必要があります。

③ SSTの一般的な手続き

SSTの目的によって，どのような手続きでもとれるのですが，よく使われるものについて説明します。

注1：まだことばで自己表現が難しい年齢やタイプの子どもに対して，「遊び」という活動を軸に自己表現を支え，心の成長を手助けする心理療法。
注2：認知過程（考え方・ものの見方等）を変化させ，それによって心理的な不適応状態や不適応行動を低減させることを目指す心理的介入の総称。

1）アセスメント
　子どもが社会生活においてどのような困難を持っているのか，そしてそれを改善するためには，子どもが何を理解し，どのようなスキルを獲得することが必要でかつ可能であるのかをアセスメントします。アセスメントの結果で選定された，獲得してほしいスキルをターゲットスキルと言います。
2）モデリング
　おとながターゲットスキルのモデルを見せます。また，必要に応じて，不適切な行動も見せながら，これがなぜ不適切なのかということを説明します。ターゲットスキルについては，いつどこで誰に何のために適用すればよいのかといったポイントをわかりやすく説明します。
3）ロールプレイ
　おとなの示したモデルに沿って，子ども同士または子どもとおとなで架空の状況を設定しつつターゲットスキルを使ってみます。おとなは子どもが適切に使えたかどうかのフィードバックをします。
4）リハーサル
　実際の場面を設定して，子ども同士のやりとりをおこないます。その際におとなはターゲットスキルが適切に使えたかどうかのフィードバックをおこないます。フィードバックは，ことばでおこなうこともありますし，子どもの理解力に応じて，身振りやシールなどの目に見えるものでおこなうこともあります。リハーサル場面は，子どもの能力やターゲットスキルの獲得の度合いによって，より構造化が強い場面から，自然な場面に近いものまで変化させることができます。生活場面で使えることを目指すのですから，次第に自然な場面（子どもたちが自由に遊んでいる場面など）で使えるように支援していくことが必要です。
5）生活場面で使う（般化）
　SST は個別や小グループ場面だと比較的短期間でスキルを学べることが多く効果的ですが，以前より生活場面でターゲットスキルがなかなか使えるようにならないという般化の問題が指摘されていました。これは，そもそも生活においてあまり使えないスキルをターゲットにするというような SST の設定の問題もありますが，多くは，子ども自身が刺激情報の

多い生活場面で学んだスキルをいつどのように使ったらよいかわからない，タイミングがつかめないなどの使用の問題，せっかく使用してもそれに対するフィードバックが適切に得られなかったなどの強化の問題などがあります。ですから，個別にしても小グループにしても，園や学校の先生，家族などと相談してまずは生活の中で使いやすいターゲットスキルを選ぶこと，さらにSSTで使うことができるようになれば，生活の中で使うように先生や家族のかたに機会を作ってもらったり，子どもに使うよう促してもらう，子どもが使えたときにはフィードバックしてもらうなど，生活場面で使えるようになるための協力者とのフォローこそが重要になります。

④　より有効なSSTのために
　より有効なSSTの実施のために，次のような手掛かりやツールを用いることがあります。
1）コミック会話
　これは，ターゲットスキルのモデルをコミックなどのわかりやすい絵にして教えていくものです。コミックですからいらない情報は排除できますし，子どもが登場人物のやりとりを第三者的に見ることができ，やりとりの全体像（社会的にそこで何が起こっているのか）を把握することに役立ちます（図5-13）。

図5-13　マンガを使ったやりとりの例（藤野，2009）

2）SSTの録画を見る

　子どもですから自分の姿を客観視することは難しく，ASDに連なる子どもであればそこにさらなる困難があるでしょう。そんなとき，SSTにおけるやりとりをおとなが録画して，その後子どもとともに見て，自分がどのような行動をしていたかを話し合うという方法をとることができます。これは，往々にして子どもが不適切な関わりをしているときを撮ってそれを見せるというふうに使われがちですが，「子どもの悪い行動を反省させる」という趣旨で使うのは逆効果です。子どもが適切な行動をしているときの様子も見ながら，何が適切で何が不適切でそれはどうしてなのかを子どもが理解すること，子どもが適切な行動がとれるという自信を育むことが大切です。

3）その他の視覚的な手がかり

　自分の意見を文章で伝えられるようにするために，適切な意見の述べ方を書いておき，必要に応じて子どもが見ながら適切に会話できるようにするもの（図5-14）や，ゲームでの順番が途中でわからなくなって順番が守れない子どもには，順番を表す印を受け渡したり，衝動的に動いてしまう

図5-14　適切な意見の例の絵カード

図5-15　適切な行動の例の絵カード

子どもには適切な行動を書いて目に入るところに貼っておく（図5-15）など，子どもがなるべく失敗せず，楽しくやりとりできるように配慮するのがSSTの基本です。SSTで有効であった手がかりは生活場面でも必要に応じて使えるように検討していきます。

⑤ 生活場面が基本である

最初に，子どもは一般的に生活の中でやりとりしながら，またはやりとりを見ながらソーシャルスキルを学ぶと述べました。本来，ASDに連なる子どもたちも，生活場面で適切なやりとりをモデルとして日々見たり，彼らの適切な行動をその場で的確にほめてもらったり，不適切な行動は「こうしたらいいんだよ」とわかるように説明してもらうことが大きな力になります。ASDだからSSTを個別または集団でしなければならないというものではなく，子どもの社会的場面で子どもにわかるように伝えていくということを，子どもの周りにいるおとなたちが協力していくことこそがSSTの基本と言えるでしょう。

(5) モンテッソーリ教育

モンテッソーリ教育はマリア・モンテッソーリ（Maria, Montessori）が考案した教育法です。モンテッソーリは教育者であり，イタリアで初の女性医学博士になった人物です。

モンテッソーリは医師としての最初の勤務先で知的障害児に出会いましたが，そこでの子どもの様子を観察して，知的障害児の問題は医学的な方法や知識だけでは解決されず，教育をおこなうことが必要であることを発見したと言われています。その経験からモンテッソーリは，教育学と心理学に深い関心を向け，児童中心主義的教育観を身につけ，治療教育においては，ジャン・イタールおよびエドワール・セガンらの障害児教育の理論と方法の研究をさらに深めました。研究の積み重ねの結果，行政に業績が認められ，1900年には「知的障害児特殊教育師範学校」の実際上の運営がモンテッソーリに委ねられました。ジャーナリストのリタ・クレーマーは，1976年にその著書の中で，この師範学校について，「学生は，一般心

理学，神経組織の生理・解剖学，発達遅滞の子どもたちの心理学などのコースを学んだ。彼らは，子どもたちを人類学的に調べ，測定結果を記録し，個々の行動特色を詳しく観察するように訓練された」（クレーマー，1981）と説明しています。この学校の目的が，教師に多角的な教育を学ばせ，知的障害児の個別のケースに適切に対応できるようにすることであったことが推察できます。

その後，モンテッソーリは，1907年ローマのサン・ロレンツォ地方に最初に設立した「子供の家」の責任者になり，治療教育のために考案した教育法を定型発達の子どもの教育へと展開していきました。

100年以上前にモンテッソーリが作り上げたモンテッソーリ教育は，障害児の人権，多角的な治療教育の視点に基づいた教育法であり，現在の療育，発達支援の場において求められているものに応えるための具体的な提案が多く含まれています。

① モンテッソーリ教育の特徴と発達支援

ここでは，モンテッソーリ教育の特徴と障害のある子どもへの発達支援がどのように関連しているかについて説明します。

1）モンテッソーリ教育の目的

日本においてモンテッソーリ教育は，その内容の一部に注目され「知的能力をあげる，小学校のお受験対策」といった英才教育や早期教育としての幼児教育だと誤解されることが多く，知的障害の治療教育や貧困家庭の子どもたちへの教育から発展してきた教育法であることはあまり知られていません。モンテッソーリは教育を通して，どのような状態の子どもであっても選択力，判断力，修正力，解決力，決定力を身につけて，自分の人生の主人公になることを目指しました。モンテッソーリ教育は英才教育的にできることを増やすことだけが目的ではなく，教育を通して人生の主体者になれるような人格の形成を目的とした教育法です。

一方，現代の発達支援においても，障害の程度や状態にかかわらず，障害のある子どもが集団の中で他者とコミュニケーションを取りながら，主体的に自分の力を発揮して，自己実現できるように支援することが求められています。障害のある子どものできないところをできるようにして定型

発達児に近づけようとする支援ではなく，地域の中で豊かな生活を送るために，主体的に生きる力を育てることを目指すところはモンテッソーリ教育の目的と重なるところです。

モンテッソーリは，子どもには自律的な人格を形成する過程としての段階があると述べています。相良ら（2016）は，その過程について「自由選択→繰り返し→集中→正常化」の四つの段階で整理して，「活動のサイクル」としました。子どもがその活動のサイクルを経験するためには，それぞれの子どもの発達の状態に合わせた，物的，人的環境の調整が必要であると考えられます。障害のある子どもについては特に丁寧な調整が必要になります。子どもがこのプロセスを繰り返し経験し，スパイラルが高次化していくことで，子どもは自信をつけ，自尊感情が育ち，自律的な人格に近づいていきます。

2）生理学的根拠に基づいた科学的な教育法

常に子どもを観察し，そこから学ぶ姿勢を貫いたモンテッソーリは，子どもを観察するうちに月齢，年齢ごとに子どもたちの興味の対象が次々移り変わる点に着目し，子どもには環境の中の特定の要素をとらえる感受性

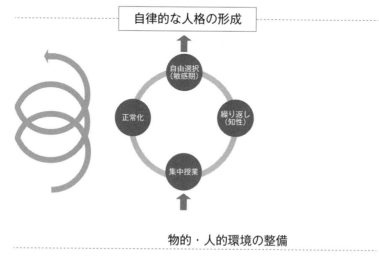

図5-16　モンテッソーリ教育の目的（相良ら，2016）

が特別敏感になる時期があると考え，これを「敏感期」と呼びました。子どもが活動の順番や場所，やり方がいつもと違うと不機嫌になったり，泣き出したりして抵抗を示すのは「秩序の敏感期」によるものです。子どもは「感覚の敏感期」には，匂いでお友達の持ち物がわかったり，保育者のちょっとした髪型の違いに敏感に反応したりします。また，親のハラハラする気持ちをよそに子どもが幅の狭いブロックの上を両手でバランスを取りながら歩くことを好んだり，登園前の時間に自分の洋服のボタンを自分ではめることにこだわり，急いでいる親の気持ちをイラつかせたりするのは「運動の敏感期」の中でも特に，随意筋肉の調整に敏感になっている子どもの現象です。

　永江（2010）は，「『敏感期』の概念はその後，ロバート・ハーヴィガーストの発達課題の提唱や，コンラート・ローレンツの臨界期の概念へとつながり，心理学や動物行動学にも大きな影響を与えた」と説明しています。また，「これまでの脳研究から，脳の敏感期とみられる時期には神経細胞同士の接点にあたるシナプスが過剰に作られ，その後急激に減少するという特徴を持っている。モンテッソーリが視野に入れている各種の敏感期は，脳科学から見た脳の敏感期の範囲に含まれているのである」という見方を述べています。

　このように，モンテッソーリは生理学的根拠に基づいて，さまざまな能力の獲得にはそれぞれ最適な時期があると結論付け，特に，脳の感覚器官，運動器官回路の各部が発達，完成される幼児期の教育が大切であると考えました。そこで，モンテッソーリは筋肉運動の調整を目的に「日常生活の練習プログラム」を，感覚機能の調整や外界を正しく理解するために感覚を概念化することを目的に「感覚教育のプログラム」を構築し，教材や教具を考案して科学的な教育法を実践し，効果を上げました。このモンテッソーリ教育の「日常生活の練習」と「感覚教育」のプログラムは，感覚調整障害や行為機能障害のある子どもの発達支援においても，環境からの「感覚情報の交通整理」のシステムの働きを促す（第5章「感覚統合理論」参照）という視点からも有効です。

　モンテッソーリ教育の特徴のひとつとされる一斉教育をおこなわない個別教育形態は，一人一人の子どもの「敏感期」に合わせて力を育むモンテ

ッソーリ教育理論の視点に立つものです。障害のある子どもの発達支援においても，中枢神経の問題による発達の偏りや特徴を理解した上で，一人一人の子どもの興味や関心にあわせて個別的に支援することを重要と考えます。

3）発達的に系統性を持つ教育プログラム

モンテッソーリは，運動，認知，情緒が関連し，影響し合う子どもの発達の構造を明らかにしました。「日常生活の練習」「感覚教育」「数教育」「言語教育」「文化教育」の5つの領域のプログラムを構築し，それぞれの領域で教具を考案して，領域間に関連を持たせ，系統的に教育を実施しました。

「日常生活の練習」領域は，モンテッソーリ教育の基本です。そのプログラムでは，日常生活の中で子どもができるようになりたい活動，子どもに身につけてほしい活動を取り出し，スモールステップで練習できるように，教材や環境が準備されています。また，教材のやり方を子どもに示す方法も工夫されています。「日常生活の練習」のプログラムで運動を通して得た感覚的な学習を，感覚教具を使った「感覚教育」で整理して概念化します。その概念を「言語教育」と「数教育」の教具によって抽象化し理解を深めていきます。

発達のばらつきが大きい障害のある子どもにとっては，発達のアセスメントに基づいて系統的に支援することが重要です。発達に準じた系統的な教育法であるモンテッソーリ教育法は，障害児の発達支援の手がかりになるものです。

4）教具の特徴

モンテッソーリ教育は，系統的な教材，教具を使用する教育法であることはすでに説明しましたが，次に，障害のある子どもの支援として有効であると考えられる教材の特徴についてあげてみます。

1つめは，「困難の孤立化」といわれる特徴で，教具の構成はその教具の目的となる属性だけを際だたせるように作られています。感覚教具の中から大きさを学習する「ピンクタワー」を例にあげて説明すると，大きさ以外の属性である色，形，材質が統一されていて，大きさだけに子どもが注目しやすい作りになっています（図5-17）。課題の目的を理解すること

が苦手な障害のある子どもにとって,雑多な刺激の中から目的となる具体的要素を抽出してある教具は,子どもの集中と理解を促します。また,この「困難の孤立化」は,子どもにとって新しく学ぶことはひとつだけという特徴もあります。子どもがすでに理解していること,できることを基にして試行錯誤していく中で新しいことを学習できるこの特徴は,自発的に新しい活動に取り組む姿勢を持ちにくい,障害のある子どもの自発的な活動を拡げることへの助けになると考えます。

2つめの教具の特徴は,教具は子どもが自分で誤りに気付き,訂正できるように作られていることです(図5-18)。誰かに間違いを指摘されたり,注意されたりして訂正することが多い子どもは,学習意欲が育ちにくいと言われますが,自分で誤りに気付いて訂正に向けて試行錯誤する経験は,学習意欲や問題解決の態度の形成に影響を与えます。

3つめは教具そのものが調和がとれていて美しいという特徴です(図5-19)。規則的で統一感のある教具は子どもには魅力的に映るようで,それが子どもの興味や関心を引き出し,活動意欲を支えます。

また,教具を操作することで,子どもが実際に自分の身体の動きを通して学べるようになっていることが,重要な教具の特徴の4つめにあげられます。概念化,抽象化が苦手な子どもにとって,教具を操作する運動を通して感覚でとらえた概念を最終的に正確なことばと結合するというプロセスで,具体から抽象へのステップを進めることができ,それは子どもが抽象概念を理解することの助けとなります。子どもが操作しやすいように教

図5-17 ピンクタワー
(困難の孤立化)

図5-18 はめ込み円柱
(自己訂正)

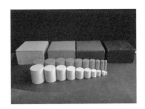

図5-19 色つき円柱
(調和がとれて美しい)

図5-20 ピンクタワーで活動する子ども　図5-21 色付き円柱で活動する子ども

具はすべて子どもの身体に合わせたサイズに作られています。

5）環境の調整

　物的，人的環境の構造化は，子どもの主体性を育てることを目指すモンテッソーリ教育の重要な柱です。

　一方，障害のある子どもの発達支援においても，障害のある子どもが所属する集団で，居場所を見つけ，安定，安心して過ごせるような人的環境の整備や，自発的に活動できるような物的環境の構造化が求められています。それは，今日の発達支援では「障害」を集団への参加や活動においての制約や制限としてとらえ，環境を調整することにより「障害」の軽減を目指しているからです（第6章参照）。

　まずは，障害のある子どもにとって自発的活動の方向付けとなる，モンテッソーリ教育における物的環境の構造化の要点について説明します。

　要点のひとつは，使用する道具は，使う目的に応じてわかりやすく，使いやすく分類して，秩序立てて決まった場所に置くことです（図5-22）。障害のある子どもの中には，やりたいことが見つかっても，刺激に影響されて活動を完結できない子どもが多くみられるからです。こんな例があります。お絵かきをしたくなったA子ちゃんが画用紙を机に置いた後，離れたところにクレヨンを取りに行こうとした途中に，お気に入りのお人形が目に入り，お絵かきをしようとしていたことを忘れて，お人形で遊び始めてしまいました。画用紙を机の上に置いたままのA子ちゃんは「お片付けをしていないよ」と保育者に注意されてしまいました。画用紙のそばに

第5章 さまざまな支援技法

図5-22 物的環境（うめだ・あけぼの学園）

　クレヨンが置かれていたら，A子ちゃんはお絵かきを始められていたかもしれません。紙と鉛筆，画用紙とクレヨン，絵の具とキャンバス，切り紙とハサミとなど，一緒に使うものを，使いやすい状態で決まった場所に置くことなどは，障害のある子どもの自発的な活動を達成に導くための環境における工夫のひとつです。

　教材の目的を理解することが難しく，感覚的な遊びに偏る傾向が強い子どもを目的的な活動に導くためには，セッティングの方法が活動の流れに沿っていて，使い方がわかりやすくなっていることが重要になります。たとえば，トレイの上にビー玉が入っている器と空の器とビー玉がすくえるスプーンが1セットとして置いてあるなどの工夫です。そのようなセッティングにより，「ビー玉をスプーンですくって空の器に移すこと」というその教材の活動の目的を子どもに教えられることになります。

　2つめの要点は，使う道具が子どもの身体的なサイズに合っていることです。姿勢が崩れやすい子どもに机や椅子の高さの調整が必要なことは言うまでもありませんが，その他にも子どもが扱う道具は，子どもの扱いやすいサイズである必要があります。たとえば，掃除道具を考えてみましょう。おとなは，雑巾やバケツ，台布巾などを幼児期の子どもが扱う場合，「子どもがおとなの仕事の手伝いをする」ととらえておとなと同じサイズの道具を与えることが多いと思いますが，モンテッソーリ教育においては，掃除を「子どもの活動」としてとらえ，それを「おとなが手伝う」という考えをします。したがって雑巾，バケツ，台布巾など掃除に必要な道具は

すべて子どもの扱いやすいサイズになっています。このような配慮は子どもが掃除を自発的におこなうことを促すだけではなく，子どもが他の活動中に水をこぼすなどの失敗をしたときに自ら問題解決できるような配慮でもあり，子どもはそのような環境の中では失敗を恐れず，安心して主体的に過ごすことができるようになります。

　モンテッソーリ教育では，子どもにできるだけ日常生活に密着した本物の体験をさせることを目指しています。そのために子どもが過ごす環境においても，机の上の生花は落とすと割れるガラスの花瓶に入れて飾られていて，子どもが毎日水替えをできるようになっていたり，鉛筆が芯を上にして鉛筆立てに立てられていたり，子どもが使いたいときに自由に使うことができるようにハサミが子どもの手の届くところにおかれていたりします。モンテッソーリ教育の環境は，障害のある子どもの集団の環境としては事故が起こるリスクが高いと思われがちですが，子どもたちが正しい使い方を理解し，繰り返し練習することで危険のリスクが低くなることを筆者は障害児へのモンテッソーリ教育の実践の中で経験しています。一般的に療育施設や発達支援センターにおいて「危ない，わからない，できない」という支援者の先入観で，障害のある子どもの経験が少なくなってしまう現状があることも否めません。しかし，主体的に自分の力を発揮して，自己実現できるように支援することを目指す現代の発達支援においては，集団に所属する一人一人の子どもの発達や行動特性をしっかり理解した上で，使い方によっては危険を伴う道具であっても，使わせないのではなく，正しい使い方を示しながら，計画的に子どもの経験を広げられるような環境を整えていこうとする支援者の姿勢が求められています。

　次に，モンテッソーリ教育における人的環境と発達支援の関連について考えてみましょう。

図5-23　包丁を慎重に扱うADHDのBくん

第5章　さまざまな支援技法

　モンテッソーリ教育における人的環境のひとつの構成要素として，「異年齢による，縦割り集団」による保育（以降，「縦割り保育」）があげられます。この縦割り保育では3歳児から5歳児の異年齢でクラスを編成します。幼児期の子どもの発達は同年齢であっても個人差が顕著に表れますが，さらに異年齢集団においては，同年齢集

図5-24　お友達と一緒に色探し

団以上に個々の発達の状態や経験の違いが大きくなります。子どもの状態像の幅が大きいこのような集団においては，子ども同士が影響しあって育ちあう関係を築きやすく，相手の立場に立ってできないところをできるように手伝う方法の学習や，できないことで相手の価値を判断しない価値観の構築が期待できます。モンテッソーリ教育においては，このような縦割り保育の中で，子ども同士が育ちあうことを目的に，保育者が子どもを支援します。発達的ニーズが多様であり，状態像が異なる子どもたちを支援する障害児の発達支援においても，発達の状態や年齢の異なるモンテッソーリ教育の視点による縦割り保育集団編成は，子ども同士の育ちあいを支えるという目的において効果的です。

　モンテッソーリ教育における保育者には，いわゆる「教えるひと」（teacher）ではなく，子どもの自らの育ちを「導く」（direct），という役割に徹することが求められます。保育者は，子どもの「わかった！　できた！」という喜びを支えます。そのためには，今，子どもが必要としているものは何かをよく観察し，察知，理解できなければなりません。前述したようにモンテッソーリは，障害児に関わる教員に対して子どもの発達を多角的な視点でとらえることができるように教育しました。現代の発達支援において，保育者には，医師，理学療法士，作業療法士，言語聴覚士，視能訓練士，栄養士，心理士などと連携をして，多様な視点で子どもをとらえることが求められている点において，モンテッソーリ教育との関連がみられます。

6）運動の分析に基づく提示法

　モンテッソーリ教育では，教材や教具の操作の方法を教師がやって見せることを「提示」と呼びます。提示は，自分の意志通りに筋肉を動かしたいという幼児期の子どもの欲求に応えるために，活動目的の達成に向けて「随意筋肉運動の調整」の方法を子どもに伝える支援法であると考えられます。提示は教師が，教材，教具の正しい使い方を教えこむのではなく，活動のやり方を示し，子どもの自発性や意欲を引きだし，自己活動へつなげることが目的です。

　それでは次に，障害のある子どもへの発達支援にも有効と考えられる，動きの分析に基づく提示の具体的方法について整理してみましょう。

　提示の具体的方法のひとつめは，子どもの前に対象物（教材教具など）はひとつだけにする，つまり，教えたい活動をひとつだけ取り出すということです。加えて動作を見せる間はできるだけことばは使わないことも配慮点です。これらの方法は刺激に影響を受けやすい子どもにとっては，集中を促すという点において有効であると考えられます。

　次に提示では活動に必要な一連の動きを分析し，ひとつひとつの動きを切り離します。切り離した動きを，順序立て，ゆっくり，はっきり，正確に示すことを意識して，ひとつずつ順番にやって見せます。「ドアの開閉」の活動を例にあげてみると，(1)ドアに近づく，(2)腕を上げる，(3)取っ手を握る，(4)取っ手をひねる，(5)ドアをやや引く，(6)ひねった取っ手をもどす，(7)ドアを充分に引く，となり，ドアを閉めるのは同じ動作の逆の順番でやって見せます。

　運動面での不器用さがあり，活動の目的に向けて自分の体の動きを順序立てるプランニング力が弱い障害のある子どもにとって，ひとつずつ動きの順番や動き方を伝える提示の方法は，活動の達成に向けた動作の順番を覚えやすく，模倣して繰り返し練習することが可能になります。また，眼球をスムーズに動かすことが苦手な子どもにとっては，ゆっくりとしたスピードで，動きを示されることにより，目で動きを追うことが可能になり，必要な動きに注意を向けやすくなります。このことは，子どもの活動意欲を支えます。

　細かい動きを分析し，教材や教具を正確に操作することを意識して提示

することは，子どもが模倣する際に細かい動きへの意識が高まり，そのことにより自分の体への意識と体の状態への意識を育てることになると考えます。

　その他，提示をおこなう際の注意点として，伝えるおとなは正確に実行し，省略しない，ただし，子どもにその通りやることを強要しないことや，子どもがおこなった結果について訂正したり，責めたりしないことがあげられます。このことは，子どもが失敗を恐れず，活動に主体的に繰り返し取り組むためには大切な点となります。また，興味を示したり，興味を持っても動き始めるまでに時間がかかったり，取り組み始めても習得するまでに時間のかかったりする子どもを温かく見守るためにも，提示の後に子どもが自分からおこなう自由を与えたり，子どもが自分でおこなう時間を保障することも重要です。

引用・参考文献

トニー・アトウッド（著）・辻井正次（監修）東海明子（翻訳）（2008）．ワークブック　アトウッド博士の〈感情を見つけにいこう〉1　怒りのコントロール　アスペルガー症候群のある子どものための認知行動療法プログラム　明石書店

Bundy A. C., Lane S. J., Murray E. A.（編著）土田玲子・小西紀一（監訳）岩永竜一郎・太田篤志・加藤寿宏・児玉真美・田村良子・永井洋一・日田勝子・福田恵美子・山田孝（共訳）（2006）．感覚統合とその実践　第2版　協同医書出版社

藤野博（2009）．場の空気が読めない子　阿部利彦（編著）クラスで気になる子の支援　ズバッと解決ファイル――達人と学ぶ！特別支援教育・教育相談のコツ　金子書房

服巻智子（監修）篠田朋子・納富奈緒子・服巻智子（著）（2010）．見える会話――コミック会話等を活用した自閉症スペクトラムの人の会話支援――　ＡＳＤヴィレッジ出版

橋本創一・秋山千枝子・田口禎子・三浦巧也・堂山亞紀（編著）（2014）．家庭と学校が連携・育てるSST指導プログラム　ラピュータ

早田由美子・森下京子・野原由利子・島田美城・藤尾かの子・奥山清子・村田尚子・木下めぐみ・相良敦子・阿部真美子・仙石茉莉奈（2016）．現代に生き

るマリア・モンテッソーリーの教育思想と実践——空想的想像力から科学的創造力へ——　KTC 中央出版

リタ・クレーマー（著）平井久（監訳）三谷嘉明・佐藤敬子・村瀬亜里（訳）（1981）．マリア・モンテッソーリ——子どもへの愛と生涯——　新曜社

永江誠司（2010）．世界一の子ども教育モンテッソーリ—— 12 歳までに脳を賢く優しく育てる方法——　講談社

中邑賢龍（2014）．AAC 入門——コミュニケーションに困難を抱える人とのコミュニケーションの技法——　こころリソースブック出版会

佐々木正美（2008）．自閉症児のための TEACCH ハンドブック　改訂新版　自閉症ハンドブック　学研プラス

E. M. スタンディング（著）クラウス・ルーメル（監修）佐藤幸江（訳）（1975）．モンテッソーリの発見　エンデルレ書店

内山登紀夫（2006）．本当の TEACCH ——自分が自分であるために——　学習研究社

上田征三・高橋実・今中博章（編著）（2017）．基礎から学ぶ特別支援教育の授業づくりと生活の指導　ミネルヴァ書房

上野一彦（監修）岡田智（編著）中村敏英・森村美和子・岡田克己・山下公司（著）（2014）．CD-ROM 付き　特別支援教育をサポートするソーシャルスキルトレーニング（SST）実践教材集　ナツメ社

梅永雄二（編）（2008）．「構造化」による自閉症の人たちへの支援——TEACCH プログラムを生かす——　教育出版

相良敦子・田中昌子（2004）．お母さんの工夫——モンテッソーリ教育を手がかりとして——　文藝春秋

東京都障害者 IT 地域支援センター　http://www.tokyo-itcenter.com （閲覧日：2018 年 8 月 2 日）

スーザン・ウィリアムス・ホワイト（著）梅永雄二（監訳）黒田美保・諏訪利明・深谷博子・本田輝行（2016）．発達障害児のための SST　金剛出版

第6章

保育士・児童指導員の専門性と生活場面・遊び場面での療育・発達支援

　第3章で療育・発達支援に関わる職種とその役割について説明しましたが，療育・発達支援機関では保育士・児童指導員も専門家として重要な役割を担っています。

　この章では療育・発達支援機関での保育士・児童指導員の専門性と役割，具体的な支援の実際について学びます。

1　療育・発達支援における保育士・児童指導員の専門性

(1)　子どもの育ちの専門家としての保育士・児童指導員

　近年，「障害」について，心身機能の低下などの医学的・生理学的な機能障害にのみに焦点を当て「障害」ととらえるのではなく，生活する上での困難さから被る社会的不利状態を含めて「障害」ととらえるようになりました。WHOの国際生活機能分類（ICF）ではそのひとの生活，活動している環境等，機能障害以外の要因も含めて，そのひとが社会生活を送ったり活動に参加したりするときの制約や制限を「障害」ととらえるとしています。

　たとえば，コミュニケーションボードがあると自分の意思や要求を相手に伝えることができる言語障害のあるAさんが発達支援センターで集団療

育を受けるときに，もし，センターでコミュニケーションボードを用意してもらえなければ，自己表現ができないAさんは集団の中で適応することができるでしょうか。きっと，主体的に集団活動に参加することが難しくなるでしょう。この場合，ICFのとらえ方によるAさんにとっての「障害」は言語障害という診断名のみを示すのではなく，集団の中でAさんが自己表現できる環境が整っていないことで生じる集団参加する際のAさんにとっての「制約や制限」も含んでいるという理解になります。

保育士は「児童福祉法」に基づく国家資格で，同法第18条4項において「保育士の名称を用いて，専門的知識及び技術をもって，児童の保育及び児童の保護者に対する保育に関する指導をおこなうことを業とする者をいう。」と位置づけられています。

児童指導員は，療育や発達支援機関に児童指導員として職に就くためには児童指導員に任用される資格（任用資格）を有していなければならないとされ，一般的には保育士と同じ仕事の内容を求められることが多い職種です。

英語では「障害児」を「a disabled child」，「障害のある子ども」を「a child with a disability」と表記します。「a disabled child」は障害と子どもを一体的にとらえている印象を受けますが，「a child with a disability」の表記では先にひとりの子どもとしての視点から子どもをみており，「障害」を子どもに付随する状態としてとらえていると理解できます。

現在，療育・発達支援機関における保育士・児童指導員には，発達において多種多様なニーズを抱える障害のある子どもであっても，「a child with a disability」の考え方でひとりの子どもとしてみて，保育の専門家として子どもが積極的に活動へ参加できるような療育や発達支援をすることを求められます。

2　集団での生活や遊びの場面における役割

乳幼児は，集団の中でさまざまなひとや物に影響を受けて多くのことを学びます。これは障害のある子どもも同様です。保育士・児童指導員（以

下,保育者)は療育・発達支援機関において,一人一人の子どもの発達を集団の中で支えることを求められることが多い職種です。集団療育場面における保育者の役割を学んでいきましょう。

(1) 子ども一人一人の育ちを理解する

障害のある子どもとは,発達上何らかの課題があるために,日常生活を送る上で困難が永続的に生じる可能性があります。そのため,障害のある子どもの療育においては,集団生活上の困難を軽減するために,まず一人一人の子どもの状態を理解して,その状態に適切に対応することが必要となります。

① 発達の過程や特徴,障害の特性から子どもの行動を理解する

子ども理解のひとつに子どもの発達の理解があげられます。保育者には,子どもの発達の評価を集団の中での子どもの姿との関係で理解することが求められます。具体的には,実際の集団において子どもがどのような場面,場所,状況で具体的にどのような困難さを抱えているのか等を丁寧に観察することと,チームアプローチによる多職種の発達評価に基づいて子どもの発達についての情報を整理して子ども理解に役立てる役割です。

たとえばクラスの集団活動場面で離席の多い子どもの理解について考えるとき,支援者はつい座れない状態のみに焦点を当てがちですが,その子どもはなぜすぐに椅子から立ってしまうのでしょうか。うまく姿勢保持ができない,気が散ってしまう,指示や活動が正確に理解できない,お腹がすいている,家族との関わりで情緒的に不安定等々,さまざまな理由が考えられます。理由によって,配慮することや関わり方が変わってくるのは言うまでもありません。つまり,保育者に求められる役割のひとつめは,子どもの集団の中での行動について,子どもの発達の状態や障害の特性から背景にある要因を理解し,支援につなげるということです。保育者が子どもの行動をこのような視点で理解しようとする姿勢を持つことで,保育者の「なぜ」は「なぜ,そんなことをするの?」という批判的な「なぜ」から「なぜ,そうしたいのだろう。なぜ,そうしてしまうのだろう」とい

う子ども理解の「なぜ」にかわります。そのような保育士の姿勢は子どもが集団生活を送る上での安心感に影響します。

② 子どもの心情を理解する

　子ども理解においてもうひとつ大切な点は，子どもの気持ちを理解しようとする保育者の姿勢です。

　まず，ここでは子どものやりたい気持ちを理解することについて考えます。障害のある子どもの中には，意思や気持ちを表現することが苦手であったり，動きが不器用だったりすることで，やりたい気持ちややろうとする行動について理解されにくい子どもがいます。特に多様な刺激の中で複数の子どもが過ごしている集団では，障害のある子ども一人一人の興味や意欲を理解することは容易なことではありません。しかし，子どもの行動をよく観察していると「やりたいんだ。やりたかったに違いない」と読み取れることが多々あります。集団で子どもの育ちを支える保育者は，子どもの視線で環境をとらえ，子どもの考えや気持ちを理解したいという姿勢で集団での子どもの行動をよく観察することが必要です。

　[事例]　知的障害児のBくんは，椅子の上に立ち，高いところにあるおとな用の棚から子どもたちの出席帳袋を入れてある箱を取ろうとして箱を床に落とし，出席帳袋をひっくり返してしまった。出席帳が入ったその箱は，子どもたち全員が出席シールを貼り終わった後，クラス担任のC保育士が子どもの活動の邪魔にならないようにおとな用の高い棚にあげていたものだった。C保育士は「箱が上から落ちてくると危ないでしょう。先生の棚のものを子どもはさわってはいけませんよ。いつもお約束しているよね」とBくんに注意をした。その部屋にはもうひとり，クラス担当のD保育士がいる。C保育士とBくんのやりとりを見ていたD保育士は，Bくんが折り紙をしているときに「ママに見せる」と言っていたことを思い出し，Bくんが叱られている場所に行ってみると，Bくんの手には自分で折った折り紙がしっかり握られていた。

　この場面では，C保育士が出席帳袋の入った箱を高い棚に入れるのは，

子どもたちが活動しやすいように必要のないものを片付けて整理するためであること，子どもが椅子の上に立っておとなの棚にあるものを取るのは危険であることを考えると，C保育士がBくんに注意をしたことは間違っているとはいえません。ただし，そこにはBくんがなぜ，出席帳袋の入った箱を取りたかったのかという子どもの気持ちを理解しようとする姿勢がたりなかったかもしれません。このC保育士は，この後，D保育士からBくんの気持ちを聞きました。そしてC保育士は「Bくん，折り紙をママに見せたかったんだね。ママに持って帰ろうね。ママ喜ぶよ。でも椅子に立って先生の棚のものを取ることは危ないよね。今度からは棚の出席帳袋をほしいときは，先生に『出席帳の袋を取ってください』ってお願いしてね」とBくんの気持ちを理解した上で，Bくんが椅子の上に立って棚から物を取ろうとしたことについては再度注意し，やりたいことを実現するための正しい方法を伝えました。

　障害のある子どもの気持ちややる気を理解することは難しいことですが，目の前に見えている子どもの行動だけにとらわれすぎると，子どものやりたい気持ちや主体的にやろうとする意欲を見落とす危険性があることを保育者は意識しておくことが大切です。

　次に，集団活動の中で感じる子どもの葛藤や困り感を理解することについて説明します。

　障害のある子どもたちの中には集団に適応することが苦手な子どもが多く，そのような子どもを目の前にすると，保育者は，うまくできないことが気になり，そのことを修正しようとする関わりに終始しがちになります。しかし，その結果，子どもの不適応行動は複雑化，深刻化し，保育者との関係や子ども同士の関係調整が難しくなるということもあります。発達に多様なニーズのある子どもに関わるときはまず，療育がうまくいかないことでのおとなの葛藤や困り感だけではなく，うまくやりたいのにできない子ども自身の葛藤や困り感に目を向けることが大切です。うまく適応できない子どもは，「困った子ども」ではなく「困っている子ども」なのです。

　次の事例を見ていきましょう。

［事例］　2歳から発達支援センターに通っていた自閉スペクトラム症のE

くんは，今，小学校４年生である。幼児期のＥくんは集団適応が苦手でほかの子どもと一緒に活動することが難しい場面も多かったのだが，療育を受けて集団に適応するための社会性のスキルを少しずつ身につけて，適応力が高まり，小学校は通常学級に就学した。そのＥくんは，小学校４年生になったある日，お母さんに「僕も，お友達のようになりたい」と泣きながら訴える。学校の先生はＥくんの特徴をよく理解していて，Ｅくんが安心して学校の活動に参加できるように，Ｅくんが理解できる方法で見通しを持たせるようにしたり，対応の方法を詳しく説明したりなど丁寧に関わってくれていた。そのため大きな問題もなく学校生活を送っているので，Ｅくんがそのような気持ちでいることに気づいていなかったお母さんは，驚いてＥくんに詳しく話を聞いてみた。お母さんは話から集団活動に参加したりコミュニケーションを取ったりする際のＥくんの葛藤と，友人たちの様子の違いに大きな戸惑いを感じているＥくんの困り感を理解した。Ｅくんが語った集団生活での葛藤の例は，避難訓練では訓練とわかっていても，ベルが鳴ると緊張が高まりその場から逃げ出したくなること，校外授業で通る道が急に変わると，説明してもらっても不安で不安でたまらなくなること，友達から嫌なことを言われると，冗談だよと言われても怒りがおさまらないなどの状態になる自分の心情に対してである。一方で訓練だとわかっていると緊張なく避難訓練に参加している，道が変わっても不安を感じていない，冗談を言い合って楽しんでいるようにみえる友人の様子が羨ましいＥくんは，お友達のようになりたいとお母さんに訴えたのである。

　この事例からは，適応力が高まり一見問題なく集団生活を送っているように見えるＥくんであっても，多くの葛藤や困り感を抱えていることを理解することができます。集団で不適応行動を示しながら，その気持ちを言語化できない子どもたちにも同じような困り感があることをＥくんは教えてくれていると思います
　子どもの葛藤や困り感を理解することは苦労している子どもに同情して甘やかしたり，求めることをあきらめたりすることではありません。前述したような「なぜ」の視点で，子どもの行動の背景にある要因から子どもの葛藤を理解した上で，子どもが力を発揮し，やりたいことを実現できる

ように，スモールステップで丁寧な支援をするために必要なのです。保育者が強制的に不適応行動の修正を求めることは子どもが自信を失い，その子の人格まで否定することにつながりかねません。できる自分と出会わせながら子どもに自信をつけさせ，自尊感情を育てていくことは，保育者の大きな役割のひとつです。

(2) 子どもを全体的にとらえて支援の方法を集団生活の中でコーディネートする

　障害のある子どもたちは，発達上，たくさんの課題を抱えています。そのような子どもの療育や発達支援においては，課題改善のために必要な目標を立てて，支援の方法を具体的に考え，優先順位を決めて実施していくことになります。その際に障害のある子どもの場合，ともするとできないことや足りないことに焦点が当たり，治すという視点を中心に支援の方法を決めてしまう危険性があります。なぜ，そのことが危険なことなのでしょうか。それは，前述したように障害があってもその子どもは「障害児」ではなく，障害のあるひとりの「子ども」だからです。「障害」に対して治療的に必要な支援であっても，「子ども」としての気持ちを理解しながら支援をしないと，その子どもにとってできることが増えたとしても意欲が育たず，将来，自立的，主体的に人生を送ることにつながらないことがあるからです。

　多職種間の連携によって，その子どもの将来に向けて今，必要だと判断した療育・発達支援を実施する際に，子どもに内在する障害の部分だけではなく，子どもをトータルにとらえる必要があります。そのような視点でその子どもの集団生活をコーディネートしながら，支援する場面や方法を慎重に検討することは保育者に求められる大きな役割のひとつです。

　[事例]　足に麻痺がある3歳児Fちゃんは，かわいいリボンのついた赤い靴がお気に入りである。Fちゃんは，お気に入りの靴を履きたくて時間がかかってもひとりで靴を履く。履けたときはいつもFちゃんにはうれしそうな笑顔が見られる。登園するときも園庭でも，家に帰るときも今はいつでもその

靴を履くことが楽しみなFちゃんである。そんなFちゃんだが，この時期に足に補装具をつけることが必要だと医師と理学療法士は判断した。補装具をつけるとお気に入りの靴を履けなくなってしまう。この発達の時期に，赤い靴を履きたいFちゃんの気持ちやひとりで履く意欲，靴を履くスキルの習得を大事にしたいFちゃんのクラス担任の保育士は，Fちゃんの今後の歩行に影響する補装具装着の大切さも理解できるので，支援の優先順位や方法について悩み，理学療法士と話し合った。そして今は，Fちゃんが一日の中で一番歩行をする時間帯に補装具を装着させることにした。それはセンターにおける午前中の活動の時間である。登降園時はお母さんの車に乗っているので，センターに到着すると家から履いてきた赤い靴をひとりで脱いで，大切そうに靴箱にしまい，家に帰るときはひとりで履いて帰る。今まで通りお気に入りの赤い靴をひとりで履くことができてFちゃんはうれしそうである。

(3) 集団生活と遊びを通して主体性を育てる

　発達に偏りや遅れのある子どもであっても乳幼児期は主体性を育てる大切な時期です。ここでは子どもが集団で自発的に過ごすためにわかりやすく活動しやすい環境の構造化について考えていきましょう。

　① 問題解決をして自立的に過ごせる環境を準備する
　不器用なことが影響して，いろいろな場面で失敗して，傷つくことが多い子どもは自己肯定感を持つことが難しく，集団の中で過ごすのが楽しいものになりにくいことがあります。現在，増えているそのような子どもたちに，自分で失敗だと思うことも問題解決ができたら失敗ではないということを伝えるためにも，うまくいかなかったときに問題解決しやすい環境を整えることは必要です。たとえば，失敗したときの処理の方法が決まっていて，処理に必要な道具のサイズなどが子どもにとって扱いやすいもので，混乱がないように，決まった場所に秩序立てておかれていることなどです。

　[事例] 幼稚園から発達支援センターに転園してきた5歳のGくんは，

ADHDの診断を受けている。Gくんは瓶から瓶に色水を移す遊びに興味を持った。でもGくんは目から入ってくる刺激に影響されて手もとを見ることが難しかったり、運動の調整が苦手で、水の量を調整できなかったりして、色水をこぼしてしまう。色水をこぼすたびに机の下にもぐったり、お部屋から飛び出したりして色水をこぼしたことを気にしているようである。Gくんのクラスを担当している児童指導員は、そんなGくんにこぼした色水をふく雑巾が置いてある場所を伝え、取りに行って拭いて、決まったバケツに汚れた雑巾を入れる活動をGくんと一緒に繰り返しおこなった。

　しばらくするとGくんは、色水をこぼしたときに、自分で雑巾を取りに行って拭き、後始末することができるようになった。他の活動でもうまくいかないときに机の下に隠れたり、部屋を飛び出すことがなくなった。少しずつ集中できる遊びが増えてきている。

② 子どもにとってわかりやすく環境を整える

　どのような発達の状態の子どもであっても、集団の中で過ごすときには、本人が安心を感じ、安全に過ごせる居場所が必要です。子どもにとっての安心は、安全に過ごせる場所の保障に加えて、活動を見通すことのできるわかりやすい環境から生まれてきます。たとえば、障害のある子どもが、時間や生活の流れを理解し、集団の中で安心して過ごすための方法のひとつに、写真カード、絵カードや文字カードなどの視覚的な手がかりを使って、おこなうことやおこなう方法を「見える化」することがあります（具体的な方法は第5章「さまざまな支援技法」参照）。抽象的な言語理解、聴覚記憶、必要な刺激への選択的入力が苦手な子どもにとって、この環境の構造化は子どもにとっての混乱が減少し、集団の中で求められている行動ややりたい遊びに自発的に取り組みやすくなる方法です。好ましくない行動の修正を子どもに求め続けることは、子どもにとっても保育者にとってもエネルギーを使うことです。また、修正を求められる子どもの自己否定感にもつながります。わかりやすく環境を構造化することによりスモールステップで好ましい行動を積み上げていくことで子どもは自信を持つようになり、主体性の育ちにつながります。

③ 個々の興味，関心，発達に応じた活動が保障できるように環境を整備する

　幼児期は，自発的に遊びや活動に取り組み，集中して楽しみながら目的を達成するという経験を通して，言語，運動，認知，社会性，日常生活の自立などの領域で多面的に発達していく時期です。

　しかし，障害のある子どもの中には遊びや活動に自発的に取り組むことや集中すること，その活動を完結することに困難を抱える子どもがいます。そのような子どもが自発的に遊びや活動に取り組むための環境を準備するには，子どもの「できない。足りない」マイナス面に注目するのではなく，子どもの興味や関心，得意なところに注目しようとする保育者の姿勢が大切です。前述したように，障害のある子どもたちの中には，おとなが子どもの言動から意欲ややりたい気持ちを理解しにくい子どももいます。しかし，遊び方が間違っていてもよく触っている遊具や教具の関わり方をよく観察して，子どもの興味や関心を探ったり，発達評価から子どもの強みを把握したりして，その子どもが達成可能な教材や教具を準備することは，環境準備における保育者の大切な役割のひとつです。それは，子どもが好きな遊びを見つけて，やりたいことを自分で達成できたと感じることで，「なりたい自分」に出会い，自己肯定感を支える重要な役割でもあります。

(4) 子ども同士のコミュニケーションを支える

① 子どもの安心感を支える役割

　不安や緊張が高い障害のある子どもにとっては，集団の中で安定して過ごすためには，子どもにとって「安心，安全と思える保育者」の存在は必要です。

　不安の強い子どもであっても，信頼できる保育者が傍にいることで安心して活動に参加することができます。子どもが信頼できる保育者とは，今まで述べてきたように子どもを理解し，子どもサイドで生活環境を整え，子どもの主体的活動を支えようとする保育者です。

　子どもにとって信頼できる保育者は，子どもの興味の持てる遊びや活動

に数人の子どもを誘い,楽しい場を共有する中で,他児への関心や興味を高めていくことが可能です。また,そのような場面で大好きな保育者と子どもがプラスの気持ちを共感する姿をほかの子どもが見ることで,その子どもへの印象はよいものとなり,子ども同士のコミュニケーション意欲も高まります。反対に保育者の子どもへのネガティブな関わりは,子どもたちの安定したコミュニケーションによくない影響を与える場合もあります。

[事例] 自閉スペクトラム症の4歳児のHくんは同じクラスの自閉スペクトラム症の3歳児Iくんへ乱暴な関わりをすることが多く,保育者はIくんの予想がつかない激しい動きでHくんの情緒が不安定になり,Iくんへの乱暴な関わりになるのだろうと推察して支援をおこなっていた。小学生になって発達支援センターに遊びに来たHくんに保育者は「Iくんとよくけんかしていたことを覚えている? 何か嫌なことがあったの?」と尋ねてみた。Hくんは「先生がIくんを怒るのが嫌だったんだよ」と答えてくれた。Hくんの乱暴な関わりはIくんへの怒りではなく,担任保育者への訴えだったと教えてくれたのである。担任保育者はIくんによって大きく自分の感情を乱された記憶はなかったが,おとなの心情の変化に敏感な子どもたちのコミュニケーションを支えるためには,保育者の安定が必要であることをあらためて実感したHくんからのことばであった。

② 子ども同士をつなぐ役割

障害のある子どもに関わっていると,子どもの発達はおとなの丁寧な関わりによってのみ保障されるように思ってしまいがちですが,障害のある子どもの集団であっても,子ども同士は助けあったり,ぶつかりあったりしながら影響しあって共に育ちます。保育者には大切な役割として,子ども同士の育ちあいを信じて,子ども同士のコミュニケーションを支え,子どもの相互関係を深めていくことが求められています。

保育者は子どもたちが,理解しあって関わることができるように,子ども同士の橋渡しをする必要があります。そのためにはまず,子どもがそれぞれのテンポや方法で他児に関心を示したり,関わったりすることができるような環境や時間を保障することです。それは,障害のある子どもは相

図6-1 子ども同士の活動

手のことやおこなっていることに気がつかなかったり，反応したりするまでに時間がかかることがあるので，子どもが自由に活動できる時間が不充分な場合，子どもが友達への関心を示す機会や保育者が子ども同士の関係をつなぐ機会を逃すことになるからです。

　保育者は子どもが友達に関心を示したら，その子どもの発達特徴や障害特性にあわせたコミュニケーションの方法の見本を見せて，子どもたちが共通のコミュニケーションツールを持つことができるようにします。そのツールは一緒に楽しめる活動であったり，視覚的な言語コミュニケーションの手段であったりといろいろですが，子どもたちが関わりを継続しながら関係を深めていくためのものです。

　また，子ども同士のトラブルへの対応も子ども同士の関係をつなぐためには大切な機会です。保育者がそれぞれの子どもの特徴や場面，状況からトラブルの原因を把握して，子ども同士が解決できる方法を提示する必要があります。感情や行動のコントロールが難しい子どものトラブルの場合は，保育者が間に入ってトラブルを収めた後に，お互いの気持ちや意思を尊重しながら，次から同じ場面でトラブルにならないようなコミュニケーションの方法を，その場でシミュレーションして，子ども同士の関係の取り方を修正していくこともひとつの方法です。

3　集団での療育・発達支援の実際

　ここでは，実際に保育者が集団においておこなう療育・発達支援のいくつかを例にあげて，今まで説明した保育者の役割についてさらに具体的に考えてみましょう。

(1) 基本的生活習慣の形成

子どもにとって排泄の自立や食事，衣服の着脱など基本的生活習慣を獲得することは，集団の流れにスムーズに適応して自立的に生活するためには大変重要なことです。これらの日常生活上の技能は生涯にわたって必要なものであり，その技能が幼児期に獲得されていない場合は，社会生活において，活動の制約や制限を受け，経験のひろがりなどの面において子どものその後の人生に大きく影響を与える可能性があります。

ここでは，さまざまな場面ごとに援助の方法を考えてみましょう。

① 登園後の身支度

以下に子どもたちの登園後の身支度の例を示します。

1）目的
- 登園後の身支度ができるようになることでその後の集団活動にスムーズに参加できる。
- 自分のことを自分でできるようになることで自信がつき自己肯定感が育つ。
- 身支度に必要な活動を通して手指の巧緻性，認知力が育つ。

2）支援の方法（工夫，配慮点）

次に子どもの特徴にあわせた支援の方法を考えてみましょう。
○集中が苦手で気が散ってしまい，活動が途切れてしまう子どもの場合

シールを貼る場所，着替えをする場所などは気が散ってしまうような物やひとの行き交いが多い場所を避けて，必要なものだけ（シール，印をつける鉛筆，日にちを確認する壁掛けカード，出席ノートを入れる箱等）を設置するようにします（図6-2参照）。また，それぞれの活動の場所が離れていると，移動するたびに刺激に左右されることになるので，身支度のスペースをまとめ，子どもが身支度をするための動線ができるだけ短くなるようにする必要があります。

やるべきことに集中し，次の行動に移りやすいように，また気が散って活動が途切れた場合でも自分で修正できるように，文字カード（図6-3），絵カード（図6-4）や写真を使って登園後の身支度の順番を示します。

図6-2 出席シールはりの環境

図6-4 登園後の身支度の手順の
　　　絵カード

```
あさのしたく

 1．タオルをかける

 2．しゅっせきカードにシールをはる

 3．スモックをきる

 4．かばんをロッカーにしまう
```

図6-3 登園後の身支度の手順の文字カード

自分で終了目標時間を決めて，時計，タイマー等で時間を確認しながら進めることによって，集中を促すようにします。

○触覚に過敏に反応して，着替えに時間がかかる子どもの場合

　スモックが皮膚に接触する感触が嫌な子どもには，スモックと皮膚との接触部分を本人が受け入れやすい感触の布地でカバーしたり，手首のゴムの締め付け感覚が嫌な子どもには，ゴムを外したり，緩くしたりすることが効果的な場合があります。また，お気に入りの刺繍やアップリケなどで，着衣への意欲を高め，気持ちを触覚に向きにくくするなどの工夫をおこないます。

○運動の調整が苦手な子どもの場合

　子どもが自分でできるような工夫として，出席ノートに貼るシールを大

きいシールにしたり，使うシールの先端を曲げて起こしておいたり，クリップを挟んだりして簡単にはがせるようにしておきます。

また，カバンのチャックに引っ張りやすいようにリングをつけて自分でカバンの開閉ができるようにします。手先を使って身支度をする際には，姿勢が安定するような椅子や机を用意することも大切です。遊びの場面で手指を使う教材を活用し，日頃から楽しみながら手指の操作性を高める支援が必要です。

○視覚的に物をとらえることが苦手な場合（第３章５「視能訓練士」参照）

視力が弱く見えにくさを持つ子どもには，使う道具の色や置き方，置く範囲など身支度をする際に見えやすく，気付きやすい環境を工夫することが重要です。また，絵や印に凹凸をつけて自分のものや場所が触ってわかるようにします。触ることを手がかりにする場合，日常的に遊びを通して触覚を使って物をとらえる練習をすることは不可欠です。

○やることややり方が理解できない子どもの場合

できないことで自信をなくさないように，保育者が一緒に活動をおこないながらやり方を示していきます。できたことを褒めて成功体験を積み上げていくことが大切です。

保育者が一緒に活動できない場合でも，出席シールなどは同じものを用意して貼る場所を示しておくなど，それと同じようにすればできるように見本を置いておくなどの工夫が必要です。

② 食事準備当番活動

食事準備当番活動は，同じやり方で繰り返しおこなうことができ，でき上がるプロセスがはっきりしていて，子どもにとってはわかりやすい活動です。また，活動をおこなった結果に対して「食事ができる」「仲間から感謝される」など，はっきりとしたフィードバックがあるので，意欲的に取り組みやすい活動です。

１）目的
- 自分たちが食事をするための準備を，試行錯誤や，問題解決の経験をしながら自分で完結できることにより，自信，自己信頼感が育つ。
- 仲間のために食事の準備をし，喜ばれることにより，自分の存在がひと

によい影響を与えると実感できる経験ができ，自己肯定感が育つ。
- 他児への食事の準備を通して友達への意識がたかまり，社会性が育つ。
- さまざまな運動機能が必要とされる活動を通して，粗大，微細運動の巧緻性，協応性が発達する。
- 総合的な認知活動の経験を通して認知機能が発達する。

2）支援の方法（工夫，配慮点）

　保育者は子どもと一緒に食事準備活動をすすめます。ここでは食事準備活動をおこなう際の工夫や配慮点などを示します。

○食事準備当番活動の手順をひとつずつ順番に示した手順表を使用する（図6-5, 6-6）

　子どもの発達の状態や特徴にあわせて，文字カード・絵カード・写真カードなどにより，手順を可視化します。毎回決まったやり方で繰り返し活動できることに加えて，自分で次の活動を確認できることにより，子どもが自発的に活動を展開できます。食事の準備は一般的におとなの指示に従いながら「おとなの活動を子どもが手伝う」方法になる傾向がありますが，視覚的な手がかりを使用し，子どもが主体的に活動をおこなうことで，「子どもがひとりでできるように子どもの活動をおとなが手伝う」方法へと転換できます。

○その日の当番の子どもを写真カードや名前カードで示す

　その日の当番の子どもを示すカードがいつも決まった場所に掲示されていて自分が当番であることが確認できるようにしておきます。このことは，自分が当番であることを記憶にとどめることができなかったり，目の前の刺激に影響を受けて目的を達成しづらかったりする子どもにと

```
しょくじのじゅんび
 1. エプロンをする
 2. つくえのうえをかたづける
 3. いすをかさねる
 4. つくえ，はいぜんだいをならべる
 5. ざんぱんいれのだいをおく
 6. なまえのカードとやすみのカードをおく
 7. いすをいれる
 8. てをあらう
 9. つくえをふく
10. こぼしいれをおく
11. てかがみをおく
12. はなをかざる
13. なべしきをおく
14. おかずをはこぶ
15. しゅっせきノートをかぞえる
16. しょっきをはこぶ
17. はいぜんをする
18. はいぜんしたものをはこぶ
19. じゅんびができたことをともだちにしらせる
20. エプロンをはずす。
```

図6-5　食事準備当番活動の手順表

図6-6 食事準備当番活動の手順の写真カード

っては,自分の選んだ活動に責任を持つ意志力や選んだ活動に自発的に取り組む積極的な姿勢を育てることの助けになります。

○食事準備当番活動に必要な道具に配慮する

　不器用で動きの制約が多く,失敗経験が多くなりがちな子どもにとっては使用する道具への配慮は不可欠です。使用する道具のサイズなどの基本的な配慮に加えて,子どもが食器を運ぶためには,一般的に使用するお盆ではなく,バランスがとりやすいように重さのある取っ手付きのかごを使うことや,配膳するために使うトングやスプーンは握りやすいように布やテープを巻くことなど,子どもの状態に合わせて個別的に対応することが必要です。そのような配慮によって障害のある子どもも自信をもって活動に取り組むことができるようになります。

○食事準備当番活動に必要な道具類のセッティングに配慮する

　食事のために当番が準備する道具は,道具入れの棚の一段に一種類ずつ,上から下へ手順表の流れに合わせて,わかりやすく,運びやすく,使いやすく収納しておきます。また,準備当番の活動中に飲み物や食べ物をこぼしてしまったときにも自分で処理できるように,子どもサイズの雑巾を決められた場所に置いておくことが必要です。失敗したときに自分で問題解決できるような環境を用意することは,失敗経験が多く自信を失いやすい障害のある子どもにとっては重要な配慮となります。

○栄養士,調理師との連携

　食事準備当番の活動のひとつに,子どもたちが楽しみにしている給食の

時間に食べる「今日の果物」を、厨房に聞きに行く役割があります。その際、厨房のスタッフである栄養士や調理師は、担当保育者からの情報をもとに子どもの理解にあわせた関わりをします。具体的には、サインや絵カードを使用した「今日の果物はなんですか」という子どもの問いに、具体物を見せたり、サインでこたえたり、絵カードを渡したり、文字を書いて示したりする等の方法による対応です。

　また、厨房スタッフは子どもの食事準備当番活動が始まると、厨房の前に子どもが作業しやすいような高さの机や棚を用意して、食器や給食を毎日同じように設定し、子どもの活動を援助します。

　その他、栄養士は子どもの食育として、その日の調理の中で子どもが参加できるものを用意することがあります。たとえば、給食の献立の中に「豆ごはん」のメニューを入れて、子どもがさやから豆を取り出す作業に参加できるようにするなどの工夫です。また、子どもの食事などの療育場面に積極的に参加したり、献立会議で保育者や他の専門職種の支援者と話し合いをしたりすることで栄養士が、療育場面における子どもの療育目標や支援法について理解し、子どもにあわせた食形態や調理方法の検討などをおこなえるようにします。このように、栄養士、調理師は保育者と協力し合いながら、子どもの健康管理や偏食指導などをおこない、子どもの食への意識や意欲を高めていきます。

③　帰りの会

1）目的
- 友達の前に出て、出席ノートを配ったり、活動を行うモデルになることで、友達への意識や自信が育つ。
- 好きな歌や絵本や紙芝居を友達と楽しむことで、集団活動における集中力が高まる。
- 簡単なルールの遊びを通して、ルールの理解を促し、自己調整力が育つ。
- 帰りの会の中で新しい教材や教具の使い方を紹介することで自発的な遊びがひろがる。
- 日常生活の中での動きを取り出して練習することで、集団生活における動きへの意識と適応スキルが育つ。

- 今日一日を振り返り，明日の予定の確認をすることで，集団生活の流れを理解し，主体的に集団に参加できるようになる。

2）支援の方法（工夫，配慮点）

○その子なりの参加の方法で本人も周りも満足できるように手伝う

図6-7　帰りの会の様子

　友達の前でリーダ的におこなう活動は，いつもできる子どもだけがおこなうのではなく，どのような状態の子どもであっても，全員がその子どもなりの参加の方法でリーダーをおこなえるように援助をして，その結果として本人も周りも満足できるように手伝うことが大切です。たとえば出席ノート配りの活動では，お友達の名前を読めない，名前を覚えていない子どもの場合，保育者が名前を呼び，呼ばれた子どもが配る子どものところに出席ノートを取りに行く方法にしたり，AAC（97ページ参照）の教材にあらかじめ子どもの名前を録音しておき，ボタンを押すだけでお友達の名前が伝わるようにしたりなどの配慮です。歌を歌うときに歌の絵カードを持つ当番なども子どもが喜ぶ役割のひとつです。

　参加の方法においても保育者の見本の通りにおこなうことを強要するのではなく，見て参加する，部分的におこなう，手伝ってもらってすべておこなう，ひとりでおこなうなど，本人の選択も尊重しましょう。満足する経験を積み重ねることで，徐々に積極的に参加できるようになる子どももいます。

○帰りの会の流れを一定にする

　障害のある子どもたちが活動を楽しむためには，活動の流れを理解して，混乱なく安心して参加することが基本となります。そのためには，毎日，繰り返しおこなうことの順番や方法は変えず，大まかな流れを一定にした上で，メインの活動についてはいくつかのバリエーションの中から選んで子どもと楽しむことが望ましいでしょう。

図6-8に帰りの会のプログラムの一例をあげます。
○視覚的な手がかりを活用する
　刺激の多い集団活動の場面においては，障害のある子どもが見通しをもって落ち着いて過ごすことができるように写真カードや絵カードなどの視覚的な手がかりの活用が望ましいと思われます。一日の振り返りでは，視覚的な手がかりによって記憶をたどるだけではなく，カードを使って楽しかったことなど自分の気持ちを表現することが可能になります。視覚的な手がかりが，帰りの会に参加している子どもたちにとって共通のコミュニケーションのツールとなれば，同じ話題を共有しやすくなり，帰りの会が「わかる場」「共有できる場」となって，子どもの帰りの会への参加意欲や友達への意識が高まっていくことが期待できます。
○活動を取り出して，正しい方法をやって見せる
　椅子に座っている子どもたちが前面の活動に注目しやすい帰りの会の環

```
1. 歌を歌う（始まりの歌⇒季節の歌）
2. 出席ノートを配る
3. メイン活動（ex 椅子を運ぶ練習 etc）
4. 今日の一日を振り返る
5. 身だしなみをする
6. 明日の予定を確認する
7. 歌を歌う（帰りの歌）
8. 挨拶をする
9. 椅子を重ねる
```

図6-8　帰りの会のプログラム例

図6-9　帰りの会のスケジュールボード

境を活用して，日常の活動や遊びを取りあげ，保育者が正しいやり方を提示することは，子どもの意欲を引き出すための工夫のひとつです。子どもたちはお友達の意欲にも影響を受けて，喜んで練習をしたがります。この集団提示は，子どもが日常生活の動きを獲得したり，新しい遊びに興味を持ったりするためには有効な方法です。たとえば「椅子を運ぶ」という日常の活動を帰りの会で取りあげ，正しい持ち方や，安全な運び方，静かに置く方法などを示し，練習を繰り返すことで，子どもは日常の生活の中で般化して安全な椅子の取り扱いができるようになるのです。

引用・参考文献

あすなろ学園（2010）．気になる子も過ごしやすい園生活のヒント　園の一日　場面別　学研プラス

堀智晴・橋本好市・直島正樹（編著）（2014）．ソーシャルインクルージョンのための障害児保育　ミネルヴァ書房

鴨下賢一（編著）立石加奈子・中島そのみ（著）（2013）．苦手が「できる」にかわる！発達が気になる子への生活動作の教え方　中央法規

第7章

療育・発達支援における家族支援

　子どもに障害や発達の何らかの支援ニーズが見つかったときから，地域の発達支援システムが起動します。そのときどきで保護者支援・家族支援が繰り広げられるわけですが，この章では，療育・発達支援機関における保護者支援・家族支援について学びます。

1　療育・発達支援機関にたどり着くまで……家族の「これまで」を知る

　第2章で，支援の始まりには対象者を知るためのアセスメントが必要だということを述べました。保護者支援・家族支援にあたるには，保護者と家族の状況をアセスメントし，対象者を適切に理解することが大切になります。また，子どもをよりよくアセスメントするためには子どもの発達や障害についての知識が必要なように，保護者や家族を適切にアセスメントし理解するためには，子どもに障害が見つかったとき，疑われたとき，保護者や家族には何が起こってくるのかを知っておく必要があります。
　療育・発達支援機関の職員にとっては，保護者・子どもに初めてコンタクトをとったときが支援のスタートですが，保護者にとってはそれまでの長い長い道のりの果てにたどり着いたのが療育・発達機関です。ですから，まっさらな状況で保護者はスタートするわけではなく，最初から重い事情

第7章 療育・発達支援における家族支援

や複雑な思いがあるのです。まずは，保護者はいつ子どもの状態に気付き，どのように療育・発達支援機関にたどり着くのかを見てみましょう。

(1) 保護者はわが子の障害にいつ気付くのか

子どもの障害の種類やその程度により，また保護者や家族の事情により，気付き方は異なりますが，大きく分けると保護者が気付く前に他者（主に専門家）から告げられる場合と，保護者が気付いてどこかに相談に行く，または気付いても不安の中でどこにも行けずに過ごす場合があります。たとえば，染色体異常で起こってくるダウン症候群の子どもは，出産時に顔貌や身体特徴で産科医が気付き，その後小児科医よりダウン症の告知という経緯をたどることが多いため，保護者が気付く暇もないうちに告知に至るということがあります。近年では，染色体異常の簡便な出生前診断ができてきましたので，それを受けるという選択をすると，妊娠中に告知ということもあり得ます。また，脳性麻痺や比較的重度の運動障害を伴うものは，乳児期早期に医療機関で診断されることが多く，これらも保護者が子どものことをよくわからないうちに告知される場合が出てくるでしょう。

それらに対して，発達障害と知的障害の子どもたちの多くは，障害と言われるものの中でもっとも診断が遅れがちであり，しつけや育て方の問題にも見えますので，保護者はほかの子どもと何か違うところがあるとは感じながらも，なかなか適切な診断や支援にたどり着かない場合が出てきます。

(2) 乳幼児健診システム

こうしたなかなか適切な診断や支援につながらない親子を支援するための仕組みのひとつが，母子保健サービスの一環である乳幼児健診です。これは，保健所・保健センター，自治体の管轄課が中心となって，地域の乳幼児全員を対象に健康診査をおこない，病気や障害の早期発見と早期対応を目指すものです。全国的には1歳半健診と3歳児健診がおこなわれていますが，時期については自治体で少しずつ異なることもあります。主に医

師，保健師，心理職などが子どもの発達の状況を見ながら相談にあたり，必要な手立てについて助言をしていきます。必要性に応じて，そこから療育・発達支援機関を紹介されたり，様子を見ながら相談が継続されたり，健診後の親子グループ等が紹介されることもあります。

(3) 保育園・幼稚園で指摘される

統合保育が始まって40年余り，現在では多くの保育園・幼稚園が障害を持つ子どもを入園させ，ともに保育をおこなっています。しかし，多くの園では，障害児としては入園してきていないけれど行動や発達に気になる点を持つ子どもを保育していると言います（本郷ら，2003 など）。そうした子どもたちの保護者に対して，保育者が子どもの発達の気になる点を伝え，専門機関を勧めることも多くあります。一般に，保育園・幼稚園では，「親は気付いていない」と考えていることが多いのですが（笹森ら，2010），実際には多くの保護者が，「障害」とまでは考えていなくてもわが子が何かほかの子どもと異なるところを持っているとかなり早期に気付いているというデータがあります（厚生労働省雇用均等・児童家庭局母子保健課，2009）。

(4) 保護者の障害受容

では，保護者はなぜ子どもの特性に疑問を抱きながらもなかなか診断や支援につながらないのでしょうか。また，早期に診断された子どもに関し，保護者はどのような思いを抱くものなのでしょうか。

保護者がどのようにわが子が障害を持つという現実に向き合い，その事実を受け入れていくかということに関して，さまざまな説があります。そのひとつに，保護者はさまざまな段階を経て最後には障害を受容するという段階に到達すると考える段階説があります。段階説でもっとも有名なものがドローターの説です（図7-1）。これは，先天性の奇形を持つ子どもの保護者の障害受容を仮説化したものですが，最初にショック，次に，否認，悲しみと怒り，適応・再起，つまり苦しみを乗り越えて障害受容の段階に

第7章 療育・発達支援における家族支援

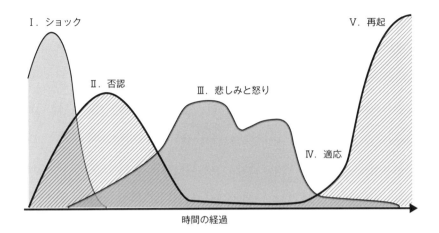

図7-1 障害受容の段階的モデル（Drotar et al., 1975：先天奇形をもつ子どもの誕生に対する正常な親の反応の継起を示す仮説的な図）

至るという考え方です。

　段階説に対して，オーシャンスキーというひとは，慢性的悲哀という概念を唱えました。これは，保護者は寄せては返す波のように希望と落胆を繰り返し，その根底には常に悲哀があるという考え方です。また，「障害」というものを人生における貴重なものとして価値づけしたり価値を見出すことで障害を受容できると考える「価値転換論」や，保護者が子どもの障害を肯定する気持ちと否定したい気持ちがリボンの裏表のように入れ替わると考える螺旋形モデルを唱えるひともいます（中田，2009）。
　療育・発達支援機関に通う選択をした保護者は，すべて子どもの障害を受容しており，すでに苦しい段階を乗り越えてきたひとたちと考えることは早計に過ぎます。出産時のトラブルによって仮死状態に陥ったために，のちに重症心身障害と言われる障害を持った子どもを育てた経験のある女優の石井めぐみさんは，「脳細胞が死んでしまっているので，このお子さんは見ることも聞くことも歩くこともできないでしょう。」と出産直後に医師から言われながらも，その後のインタビューの中で「こんな小さな赤

145

ちゃんなのだから，自分たちが頑張って訓練してあげれば，どんなにでもなれる，普通になれると思った。」と，親としての率直な気持ちを述べています[注]。むしろこれが多くの保護者の偽らざる思いであり，この希望，この思いが子育ての原動力となるとも言えるのです。

　また，障害の受容は保護者個人だけの問題であるととらえるべきではありません。さまざまな調査から，受容の過程には，子どもの特性や親の個人的要因だけではなく，家庭環境，保護者を取り巻くソーシャルサポートや，障害の告知の際の医師からの伝え方などにも大きく左右されることがわかっています（桑田・神尾，2004）。ときには，「あの親はなかなか障害受容できない親だ」などと，保護者が障害受容できないことがまるで悪いことのように，またできないことがその保護者の責任であるかのように言われることがあります。保護者の障害受容を阻む要因として，「子どもに障害があれば親はすぐに認めてしかるべき機関に行き，一生懸命育てるべきである」という社会からの風当たりや，この社会が「障害」というものをまだまだ「ない方がよいもの」としているスティグマがあることを忘れてはいけないと思います。

(5) 保護者のさまざまな思い

　告知を受けてから，またはわが子に何か「特別なもの」があるように感じるようになってから，保護者はさまざまな思いに駆られます。

① 原因を知りたい

　染色体異常であるとか，脳炎後遺症などのように原因が明確なものは，障害を持つと言われている子どもの中の一部です。「妊娠中，階段から落ちたことが原因ではないか」「下の子が生まれて放っておいたことがいけなかったのでは？」などと，保護者は解明できない原因探しに駆られます。

注：フジテレビ系で1996年に放送されたドキュメンタリー番組「ゆっぴいのばんそうこう」より。

② 自責の念

原因探しに通じますが,たとえ原因が染色体異常であっても,子どもが障害を持つことを自分のせいだと感じる保護者は多いものです。「五体満足に産んであげられなかった」という思いがつきまとうこともあります。

③ ドクターショッピング

自分の子どもが障害児ではない,普通になりますと言ってくれる専門家を探してまわることをドクターショッピングと言います。これは,障害受容の段階説でいうと否認の段階に見られるものですが,一般に言われるようにこの行動を起こす保護者は本当に「障害がない」と言ってくれることを期待しているのか,再考する必要があると思います。親の立場から見てもどうもわが子はほかの子どもとは何か違ったところやペースの遅さがある。そうしたときに,それを「ないもの」とするのではなく,そうした特徴も含めてわが子を認めてもらえること,そしてそうした特徴も含めたわが子を育てていく上での希望を持たせてもらえることを保護者は心の奥底では求めているのではないでしょうか。

筆者の出会った保護者の中にも,出産直後に子どもが生きるか死ぬかの状態になり,その後重度の後遺症が残った子どもを連れて病院を受診したときに「この子は運のいい子だねえ」としみじみ医師に言われたことを,「このことばが私を後押ししてくれた」と笑顔で報告した母親がいます。「運がいい」ということばは,子どもが九死に一生を得たこと,その分生命力が強いこと,この命を大切に育てていきなさいという意味だと思ったと,その母親は話してくれました。また,別の母親は,子どもに筋ジストロフィー（第1章参照）という深刻な病気があることを伝えられながらも,医師に「おかあさん,普通に育てなさい」とポンと背中を押されたことが迷いを吹っ切る原動力になったと言います。子どもの障害であれ,病気であれ,そうしたものを持つことがその子どもと子どもの人生の価値を貶めるものでは決してないということを支援者が深く知っていることが保護者を本当に後押しできるのです。

④　子どもの障害と虐待

　筆者の出会ったある母親は，子どもが自閉症の診断を受け，支援機関につながる前に毎日の生活に疲れ果て，子どもを連れて死のうとしたと話しました。子どもに障害があるために育てにくいなどの生活上の困難，親としての不全感，前述したような保護者の自責の念や子どもと家族の将来に対する不安と悲観，そうしたものがすべて，子どもとの心中を含めた虐待のリスクになり得ます。また，発達障害や知的障害などのわかりにくい障害の場合は特に，子どもの行動の問題や遅れはしつけや育て方の問題に見える一方，子ども自身はいわゆる「しつけ」のしづらさを持っていることが多いため，しつけが激化し，容易に体罰になることも出てきます。不適切な養育は子どもの問題行動を増悪させますので，この悪循環から親子ともに抜け出せないということも起こってきます。

2　療育・発達支援機関における保護者支援・家族支援

　療育・発達支援機関にたどり着くまでに，保護者がどのような思いや経験をしてくるのか，見てきました。そうした保護者と家族をどのように療育・発達支援機関では支援するのかを考えていきましょう。

(1)　保護者と家族のアセスメント

　保護者と家族を理解するということは，とりもなおさず保護者との信頼関係を紡ぎ，協力関係を構築していく土台を作るということです。理解のポイントは次のようなものです。

①　保護者のわが子理解，子どもへの思い

　保護者は子どもをどのように理解しているのでしょうか。これまで子どもとの間に何があったのでしょうか。就学をはじめとして子どもの将来にどのようなビジョンを描いているのでしょうか。そのために療育・発達支援というものに，何を求めているのでしょうか。

たとえば,「ダウン症」という診断名が伝えられているとしても,そのことを保護者がどのように理解しているかを支援担当者は知っておくことが必要です。同じことばを使っているからといって,同じ理解をしているとは限りません。医師からどのように伝えられ,それをどのように汲み取ったのか,丁寧に聴いていくことが求められます。またもちろん,「子どものこんなところがかわいいと思う」や「ここに困っている」といった,保護者としてのさまざまな思いにも耳を傾けていきたいものです。

② これまでの養育の中で培ってきた思いや傷ついた経験など

子どもとの間にあったことだけではなく,子どもを育ててくる中で,誰から何を言われて,どう受け取ったのでしょうか。そのことが今どのように影響しているのでしょうか。通常,療育・発達支援機関につながるまでにさまざまな機関や専門家と言われる人間との出会いがあります。それらの出会いが,療育・発達支援機関やそこで働く専門家と言われる人間への期待や思いに大きく影響しているものです。

③ 夫婦関係・きょうだい児を含めた家族関係の状況

以前,障害を持つ子どもを含めて3人の子どもを育ててきた母親が「この子(障害を持つ子)を育てていく中で一番大切にしたのは,この子だけでなく家族全員が幸せに生きていくということです。」と話してくれたことが印象に残っています。療育・発達支援機関はどうしても障害のある子どもに目が向きがちですが,親として,どの子どもにも幸せになってほしい,どの子もサポートしてあげたいという気持ちを大切にしたいものです。また,家族の中で母親や父親が孤立していないか,母親と父親の子どもに対する理解や意見は一致しているのかなど,丁寧に聴いていきます。

④ 保護者の養育能力・精神的健康度等

保護者のメンタルヘルスは何よりも優先されなければなりません。子どもに関わる状況の困難から抑うつなど精神的に不安定な状況になる保護者は決して少なくはありません。また,保護者自身が発達障害の傾向を持つ場合もあります。保護者本人がそうしたことを自覚している場合もあり,

診断名を持っていることもありますが，そうでないことも多いものです。保護者の主治医ではないのですから，保護者の診断や治療が療育・発達支援機関の役割ではありませんが，保護者と家族を支援していくためには，そうした傾向を持っているかどうかを理解していく必要があります。それらに合わせて，たとえば約束を憶えていられない保護者には，次回のアポイントメントを一緒にスマートフォンに設定したり，話の内容を忘れてしまう保護者には文書化する，保護者の理解の仕方に応じて渡す文書の内容を検討するなど，できること，するべきことはたくさんあります。

⑤ 家族を取り巻く原家族や地域とのつながりとサポートの状況

療育・発達支援機関における家族支援の目標のひとつは，家族が地域に根付いて自立して生活していくことですから，家族がその地域でどのように生活しているのかを知ることは非常に大切です。隣近所や子どもやきょうだい児が通う幼稚園・保育園・学校などと，家族はどのような関係を築き，どのような仲間に恵まれているのでしょうか。また，原家族（祖父・祖母）との関係はどのようなものでしょうか。

⑥ 上記の事柄を踏まえた保護者の営む家族の文化

家族には家族のルールや文化や価値観があります。家族にとっては当たり前のことが一般にはそうでないこともあります。そうしたことが子育てに有形無形に影響を与えます。子育てのルールや考え方を中心に，こうした家族の文化にも触れていけると，より多角的に家族がとらえられますし，大きな方針を決める際，家族と話し合っていくときにも役に立ちます。

以上，ポイントを述べました。こうした情報を一度に集めることは難しいですし，保護者にも負担をかけます。情報を集めることに終始してしまい，保護者が話したいこと，聞きたいことを話すチャンスを奪うことも避けなければなりません。保護者が話したくないことや，混乱の中にいてことばにはとてもできないこともあるかもしれません。保護者のことばにならない思いやことばの裏にある思いを汲み取っていく感性も必要とされます。

しかも子どものアセスメントと同じく，保護者や家族の状況も刻々と変化します。ですから，基本情報を押さえた上で，保護者や家族の観察もしていきます。保護者の表情や様子，保護者と子どもとのやりとり，夫婦間のやりとり，きょうだい児の様子……そうしたものに心を研ぎすませながら家族がどのように生きて生活してきたのか，今現在どのように生活しているのか，保護者と家族の生きざまをイメージしていくことがアセスメントの主眼となると思います。

(2) 療育・発達支援機関における保護者支援・家族支援の目的と方法

言うまでもなく，療育・発達支援機関の第一の機能は子どもの発達支援ですし，保護者のもっとも大きな望みは子どもが成長することですから，療育・発達支援機関におけるもっとも重要な家族支援は子どもの発達支援です。子どもの成長は何よりも保護者に安心と希望を与えます。その上で，保護者と家族に対してできる支援，すべき支援について考えてみましょう。

① 保護者が孤独から救われることの支援

子どもの障害という大きな困難（と感じられること）は，保護者にとってなかなかひとと分かち合うことが難しいことです。その結果，夫婦でも話し合えないまま，孤独にひとり煩悶するということが容易に起きてきます。前述の「子どもを抱えて死のうと思った」ことを話してくれた母親は，話してくれた最後に「死のうとしたことは夫は知りません。」と言っていました。筆者が個別療育を担当していたある点頭てんかん(注)の子どもの母親は，子どもが乳児のころ点頭てんかんと診断され，重い知的障害を負うでしょうと医師に言われたとき，それを知った自分の実の母親から「子どもをうちには連れてこないで」と言われたことを，療育担当者であった筆者と5年間付き合ってようやく涙ながらに話してくれました。また，自

注：ウェスト症候群ともいい，てんかんの中でもごく早期に発症すること，難治性で知的障害等を伴うことが多いことなどが特徴。

閉症の娘を育てたある母親は，その娘とともに公園に行っても，まわりのひとたちがみんな幸せそうに見えて，「こんな気持ちを抱えているのは自分ひとりだけなんだろう」と思った，夫や両親を傷つけるのが怖くて相談できなかったと述べています（進藤，2017）。夫や母親とも分かち合えない苦しみ，保護者の孤独はこんなに深いのです。

　療育・発達支援機関においては，こうした保護者にも，独りではないとまずは思ってもらいたいものです。一緒に担おうとする，伴走しようとするスタッフがいること，同じような修羅をくぐったり直面しているひとたちがいること，そうしたひとたちと手を携えて前に進んでいくことができることを実感してもらうことが大切です。

　そのために，たとえば保護者同士でくつろいで話せる機会を設定したり，父母会活動など協力して活動する場を作ることができます。夫婦で療育の参観に来たり療育に参加する日を設定することもできます。また，同じ障害を持つ親の会(注)の紹介や参加への支援をすることもできるでしょう。

　また，ピアサポートという活動もあります。これは同じ問題や困難を抱えたひとたちが互いに体験や感情を共有し合う精神的支援活動です。ピアサポート活動は，療育・発達支援機関でも可能ですが，各種の親の会でも盛んにおこなわれています。ピアサポートで経験を積んだひとたちが，メンターという，経験のより少ない保護者を支援する立場になって活躍することもあります。

　こうした保護者同士の支援活動の場合，保護者ならではの子どもへのぬぐえない罪責感などを話すことで，自分だけではないということに気付き，救われたと感じることも多いようです。

② 保護者が親としての自信や喜びを回復することの支援

　障害を持つ子どもの育児は毎日が試行錯誤の連続です。子どもの理解の

注：障害を持つ子どもの親たちが自主的に活動する場である。障害別のものもあれば，障害種別を問わないものもある。また，全国的な組織から，ごくわずかな人数で活動しているものもあり，その規模や活動内容はさまざまである。

難しさはそのまま予測不能な状況や適切に対応できない事柄へとつながります。そうした毎日によって，子どもの難しさだけがクローズアップされ，保護者から育児の喜びや親としての自信が奪われることは想像に難くありません。アスペルガー障害と診断を受けた娘を大変深く理解し，愛情込めて育てていたある母親は，あるとき「この子と私の間にはどうしても取り去れない，薄い，でも強靭な膜がある」と表現していました。わが子なのに遠くてわからないということは，どれだけ保護者にとってつらいことで，しかも子どもとともに生きていくことの不安を抱かせることでしょうか。

　こうした保護者に対しては，まずは子どもをより適切に理解し，対応できるような支援が考えられます。具体的には，アセスメントや日々の療育における保護者への説明，親子で参加できる療育プログラム，保護者向けの勉強会などがあります。また，子どもを理解し支援するためのペアレントトレーニングもあります。現在ペアレントトレーニングは，療育・発達支援機関でも，その他の相談所や大学などの研究機関でも盛んにおこなわれています。その内容は，子どもへの対応で困ったところを話し合って対応を考えるピアサポートに近いものから，グループで一定の知識を学ぶもの，ロールプレイを用いながら子どもへの実際の対応の仕方を学ぶものまでさまざまです。いずれにしても，これらは家庭において保護者が子どもにとっての訓練者になるためのものではあってはならないと思います。子どもを理解し，予測し，適切に対応できることで，保護者が自信を取り戻すとともに，子どもをいとおしく感じ，一緒にいることを楽しみ，幸せを感じられることを目的としたいものです。

　保護者が自信を取り戻すための心理的な支援も考えられます。スタッフが保護者のよさや長所を知り，それが子どもとの間やピアサポート場面で発揮されることをサポートすることができます。また，そのことと拮抗するようですが，スタッフとして意識しておかないといけないことは，保護者が子どもへの否定的な思いを表出することの重要性です。前述の自閉症の娘を持つ母親は，「うちの子に障害がなかったら」「もしこの子のいない人生だったら」などの思いは多くのひとが持つが，みずから「決して言ってはいけないこと」と胸に秘めていると言います。ところが，そうした子どもの存在に対する否定的な思いを話して，共感してもらう中で，最後に

は子どもへの愛情やいとおしさがこみあげてきたそうです。自責の念のところで，保護者は多くの場合，子どもが障害を持って生まれてきたことに責任を感じているということを述べましたが，同時に保護者は，そうして障害を持って生まれたわが子の存在に対する否定的な思いに対しても罪責感を抱くものです。しかし，否定的な気持ちを抑圧してしまうと，子どもをいとおしく思う気持ちまで自由に育っていきません。そもそも育児とは，わが子をいとおしく思う気持ちと，反対に疎ましく思う気持ちが縦糸と横糸のように絡み合いながら子どもへの思いを紡いでいくものなのかもしれません。

③ 保護者と子どもが地域で必要なサポートを受けることの支援

地域で必要なサポートを受けるといったときに，保護者が主体的に地域の情報を集め，必要なサポートにアクセスできること，それとともに子どもへの支援を保護者以外のひとや機関に委ねていけることが大切です。前者は子どもにとってのアドボカシー，つまり子どもの思いや権利の代弁を保護者がすることです。後者は保護者と子どもが相互に自立できるための土台作りです。前者だけでは，一生涯保護者は子どもの代弁をし続けなくてはなりません。そうなると，以前よく聞かれた「この子を置いて死ねない」という保護者の悲痛な叫びに通じてしまいます。子どものサポートを地域に委ねるとは，子どもと地域の機関への信頼を保護者がみずからの中に醸成することでもあります。一方最初からすべてを委ねてしまうと，保護者にとって子どもは最後までわからない存在になってしまいますし，そもそもサポートを委ねる対象が子どもに合っているかどうかの判断もできません。

療育・発達支援機関は残念ながら保護者・子どもと一生涯付き合っていける機関ではありません。その後にどのように引き継いでいくのか，機関みずからが地域に開かれたサポート体制を組める存在であるかどうかも問われます（詳しくは第9章参照）。

④ 父親ときょうだい児への支援

療育・発達支援機関に通ったり，スタッフとコンタクトを取るのは母親

であることが多いため，どうしても母親支援が保護者支援・家族支援の中心になりがちです。だからこそ，父親支援，きょうだい児支援は，機関として意識していかなくてはならないものです。

　筆者のところに来ていたある父親の物語です。通い始めて数カ月もたたないうちに，その父親から厚い封筒が届き，そこには「ひとは努力すれば叶わないことはないと思い，いろいろと勉強してここに通うことにした。しかし，息子は思ったようには変わらないのはどうしてか。納得いかないのでやめる。」という趣旨のことが書いてありました。私はそのときには，やめると1本電話を入れれば済むことを，どうしてこんな長い手紙を書いてくださったのか理解できませんでした。しかし，あるときふと，このおとうさんはとにかく悲しかったのだと気が付きました。努力していろいろな大切なものを手に入れてきたひとだったのでしょう。でも自分がもっとも大切にし，守らなくてはならない息子に発達の障害がある，それをどんなにしても消してやれない悔しさ，悲しみ，怒り……そういったものをぶつけずにはおれなかったのではないでしょうか。この父親は，母親とはまた別の「父親の孤独」というものを見せてくれたように思います。

　母親は療育・発達支援機関に通うことで，ほかの母親という大きな味方を見つけることができます。しかし，そうしたチャンスに乏しい父親は，場合によっては何がそこで起こっているのかさえよくわからずに不安をひとりで抱えているかもしれないのです。父親も母親と同じように，本来は自分だけではないと思いたいでしょうし，相談できる場や仲間を求めていることも多いことでしょう。なかなか表だって出てこないニーズだけに，父親の集まる場である父親の会や，父親が療育の様子を見ることができるようなチャンスの設定を考えたいものです。

　また，障害を持つ子どものきょうだい児は，不登校などの心身の不調に陥ることが比較的多いと言われています。きょうだい児の当事者の書いたものには，障害を持つきょうだいに対する自責の念や，表現できない否定的な思い，家族の大変さを小さいころから意識して我慢することが多いことなどが見受けられます。自分ではそれとよくわからずに担っているものの大きさ，成長するとともにその正体が見えてくるというのがきょうだい児の現実に近いのではないかと思われます。「障害を持つ子」と同様にあ

なたも大切なんだと伝えてくれる，そしてわけのわからない不安に寄り添ってくれる場所に，療育・発達支援機関がなり得たらと思います。

　また，きょうだい児の支援の一環として，家族同士でのキャンプや合宿できょうだい児同士が集まって仲間作りをするという試みもあります。全国的に活動しているきょうだい児の会(注)もあり，きょうだい児が「自分だけではない，ひとりではない」と感じるチャンスをさまざまに作ることが大切になってくると思われます。

　⑤　レスパイト支援

　レスパイトとは，保護者や介護者がリフレッシュしたり自分のことに時間を使うために，育児や介護を一時的に代替することです。療育・発達支援機関によるレスパイトでしたら，保護者も安心して預けることができるでしょう。保護者の心身の回復やリフレッシュのほか，きょうだい児との時間を作る，夫婦の時間を作るなど，家族機能のサポートにも寄与できるほか，子どもを機関に預けるという経験のない家族であれば，そうした経験に慣れたり，子どもを自分たち以外のひとや機関に委ねていくための一歩になることもあります。

3　親子通所の意義

　療育・発達支援機関では親子で通所する「親子通所」をおこなうところがたくさんあります。子どもが徐々に支援機関に慣れていく期間をとるための親子通所もありますし，支援者が保護者から子どものことを学びながら子どもとの関係を作っていく手立てとしての親子通所もあります。一方で，親子通所は保護者支援としても大変意義のあることなのです。

注：障害を持つ子どもの兄弟姉妹が中心になり，交流したり悩みを話し合ったり，社会に発信していったりなどの活動をしている会。親の会と同じく，全国的な組織から地域に密着したものなど，規模や活動内容はさまざまである。

(1) 保護者がわが子を深く理解するための親子通所

　初めて療育・発達支援機関に足を踏み入れた保護者にとって，「療育」は必要とは思っていてもまだよくわからないというのが一般的でしょう。また，「障害」に関してもいくら丁寧に説明されていても，よくわからず，療育を受けることでどうなるのか，子どもの将来に何が待ち受けているのかの見通しなどは持てずにいることが多いと思います。そうした不安だらけの中での療育・発達支援の開始になるわけですが，そこでいきなり子どもだけが通うのではなく，親子で通いながら，療育を見て経験して，実感していく，その中で子どもが楽しそうにしている様子を見ることや成長を感じること，療育者からのさまざまな働きかけを直に知ることは，「療育」や「障害」を知ること，そして何よりも「わが子」をより深く知ることに大きく寄与すると思います。

　筆者が毎月会っていたある0歳児のダウン症の母親が，何回目かに「最近はこの子がダウン症だってことを忘れていることが多いんです。」とご自分の変化に少し驚くように，そして少しうれしそうにおっしゃったことが忘れられません。子どもと一緒に暮らすうちに，「この子はまぎれもなくかけがえのないわが子であって，ダウン症かどうかはそんなに大きなことではないのかもしれない。」と感じられるようになったということでしょうか。療育・発達支援の場が，子どもをしっかりきに訓練して障害を軽減していく場ではなく，その子どもの力を信じ，子どものペースを守りながら，保護者と療育者が手を携えて育てていく場であることを実感することで，保護者は子どもの「障害」だけではなく，子どもそのものを知って受け止めていくことができるのだろうと思います。

　また，グループ療育の場に親子で通うことによって，同じく「自閉スペクトラム症」と言われていても個性はひとそれぞれだということや，それでも同じようなことで悩んでいる保護者と情報交換する中で，保護者は子どもをより多角的に知ることができます。

(2) 子育て仲間を得る場としての親子通所

　療育・発達支援機関に通う保護者同士のピアサポートの意義について前述しました。そのピアがもっとも得られるのがこの親子通所です。このもっとも苦しい時期の子育て仲間は，その後の長い子育ての大きなサポーターになり得るのだと，多くの保護者が口をそろえて言います。

(3) 悩みを相談する場としての親子通所

　親子で通所する個別療育の場は，保護者と療育担当者がもっとも近しくお付き合いでき，ゆったりと話のできる場です。その中で，保護者は家庭における子どもとの付き合いの難しさを相談したり，将来への不安を話したりということができます。また，夫婦で子どもに対する考えが異なることや，祖父母になかなかわかってもらえない悩みなどもよく話されます。普段ほかのひとの前では明るく過ごしているように見える保護者の方が，個別療育の場では毎回涙されたり，「私はまだこの子の障害のことが受け入れられない！」と泣き崩れたりという場面にも出会います。療育担当者としては，アドバイスできるものもあり，ただただ傾聴するしかないこともたくさんあります。乳幼児期の子どもを持つ保護者は，「この子と生きる」ということ，「この子の親として生きる」ということを，どのように引き受け，前を向くかという大きな課題を突き付けられているひとたちです。療育担当者をはじめとするスタッフには，そうした保護者の置かれている人生の立ち位置をできるだけ深く理解しようとするカウンセリングマインドが求められると思います。

引用・参考文献

Drotar, D., Baskiewicz, A., Irvin, N., Kennell, J., & Klaus, M. (1975). The adaptation of parents to the birth of The adaptation of parents to the birth of an infant with an infant with acongenital malformation : A hypothetical model. *Pediatrics*, 56(5),710-717.

本郷一夫・澤江幸則・鈴木智子・小泉嘉子・飯島典子（2003）．保育所における「気になる」子どもの特徴と保育者の対応に関する調査　発達障害研究，25(1)，50-61.

厚生労働省雇用均等・児童家庭局母子保健課（2009）．乳幼児健康診査に係る発達障害のスクリーニングと早期支援に関する研究成果〜関連法規と最近の厚生労働科学研究等より〜　http://www.mhlw.go.jp/bunya/kodomo/boshi-hoken15/（閲覧日：2018年8月2日）

桑田左絵・神尾陽子（2004）．発達障害児をもつ親の障害受容過程についての文献的研究　九州大学心理学研究，5，273-281.

中田洋二郎（2009）．発達障害と家族支援――家族にとっての障害とはなにか――　学習研究社

ぽれぽれくらぶ（1995）．今どき，しょうがい児の母親物語　ぶどう社

笹森洋樹・後上鐵夫・久保山茂樹・小林倫代・廣瀬由美子・澤田真弓・藤井茂樹（2010）．発達障害のある子どもの早期発見・早期支援の現状と課題　国立特別支援教育総合研究所研究紀要，37

進藤美左（2017）．親の会による保護者同士のサポートの実際　中川信子（編著）柘植雅義（監修）発達障害の子を育てる親の気持ちと向き合う　金子書房

杉山登志郎（2007）．子ども虐待という第四の発達障害　学研プラス

玉井邦夫（2009）．特別支援教育のプロとして子ども虐待を学ぶ　学習研究社

第8章

療育・発達支援機関における就学支援

　ひとことで就学支援と言っても，療育・発達支援機関の機能によって，内容や幅はかなり異なってきます。放課後等デイサービス事業を持っている事業所であれば支援の継続ができますが，持っていないと就学はイコール支援の終了になることもあります。また，事業所によっては，自治体の教育委員会の就学支援委員会のメンバーになり，その立場から就学支援ができる場合も多くあることと思います。
　ここでは，そうしたさまざまな違いも踏まえつつ，どのような場合でも必要になってくる就学支援について考えてみましょう。

1　保護者にとっての就学の持つ意味

　就学支援も保護者支援の一環ですから，まずは保護者にとっての就学の意味や，そこで保護者は何を考え，何を感じるのかということから考えましょう。

(1)　これまでの子育ての「成果」としての就学

　乳幼児期の子どもに障害があるかもしれないと感じたとき，どの保護者の脳裏にも「普通学級（通常学級）に行けるだろうか」ということがよぎ

ると言います。それはおそらく、障害を持つひとに一般社会ではあまり出会うことができないため、保護者にとって一番身近にいた「障害を持つひと」が、いわゆる特殊学級（今の特別支援学級）に在籍していた子どもたちだったからではないでしょうか。

　乳幼児期の子どもが療育を受けている保護者の多くが、就学をある意味乳幼児期のゴールラインのように意識している状況があります。言うまでもなく、障害を持つ乳幼児の子育てや療育は、決して「通常学級に就学させるため」ではありませんし、通常学級に就学させられれば成功だというわけではありません。しかし、次に述べるような学校種のヒエラルキーが社会の中で認識されている以上、そうした意識を保護者は持たされがちになります。就学は保護者にとって、これまで育ててきた子どもと子育てがどこまで到達したのかを意識させられる状況になり得るのです。

(2) 子どもが選別される場としての就学

　現在の日本では、幼稚園・保育園への就園に際しても、選別の結果、療育・発達支援機関に入園するということが稀ではない社会です。つまり、「ここがよいから」ではなく、「ほかには入れないから」入るという構図です。就学に際してはその構図がよりクリアに働きます。つまり、「特別支援学級で適切に学習支援ができるから」ではなく、「通常学級ではついていけないから」特別支援学級へ、そして「特別支援学級でも無理なら」特別支援学校へという歴然としたヒエラルキーの構図です。特別支援教育が始まって10年以上たちますが、まだ就学に関しても学校現場でもこの構図が関係者の意識の中に歴然とあるのが現実と言わざるを得ないでしょう。すると保護者にとっては、本来は子どもが適切に学習できる場を選択するはずの就学相談の場が、子どもが査定され、子どもが選別される場になるわけです。

(3) 将来が決められる場としての就学

　先ほど、障害を持つひとのことを特別支援学級でしか知らない社会と述

べましたが,実際,一般のひとたちにとって,その特別支援学級や特別支援学校を出たひとたちが社会の中でどのように生活し,働いているのかについてはほとんど知らないのではないでしょうか。ですから,保護者にとってはいったん特別支援学級に入学してしまったら,その後の人生は真っ暗のように感じられることもあるようです。知らないということは不安なものです。

2　保護者支援の一環としての就学支援

　就学に際して保護者が何を感じ,または何を感じさせられる社会なのかについて見てきました。では,そうした保護者に対して何を目指して就学支援をおこなっていけばよいでしょうか。

(1)　保護者が適切な情報にアクセスできるようになる

　就学支援はあくまでも保護者（と子ども）の主体的な選択の支援ですから,そのためには,保護者が自治体の就学先や就学支援のシステムを適切に理解し,必要な情報を得ておく必要があります。これは保護者の自立支援の一環でもあります。子どもが年長クラスに上がってからでは就学相談も始まってしまいますので,遅くとも年中クラスの間にアプローチを始める必要があります。
　第7章で述べたように,保護者同士の結びつきは何にも代えがたいサポートとなり得ますが,就学や学校の情報に関する限り,保護者間でやりとりされる情報はマイナスなものが非常に多いものです。たとえば,「学校に行ったら副校長からこんなことを言われた」などです。これは,悪いうわさほど巷間にのぼりがちであって仕方ないのですが,だからこそそういったうわさに一喜一憂するのではなく,保護者に自分の目で見て,話をして,確実な情報を手にすることを勧めていきたいものです。

第8章　療育・発達支援機関における就学支援

(2) 保護者が子どもの代弁者になる

　就学に際して，そして入学してからも，保護者が実質的に子どもの代弁者です。ですから，わが子がどのような子どもでどういうサポートを得られれば何ができるのかについて，保護者は的確にさまざまなひとに伝えていかなければなりません。これは実際に子どもに対して適切な対応をすること以上に実は難しいことです。

　自治体によって異なりますが，就学支援のためのシートや，乳幼児期からの情報をポイントごとにまとめて引き継いでいくノートを作成しているところがあります（図 8-1）。これは基本的には保護者が情報を集めたり，子どものことを記入しながら，どこに行って誰に会っても子どものことを適切に理解してもらうための情報の集約をサポートするものです。就学支援シートには療育・発達支援機関も記入できますから，保護者と機関とで，子どものことを話し合い，これまでとこれからのことを検討し合いながら

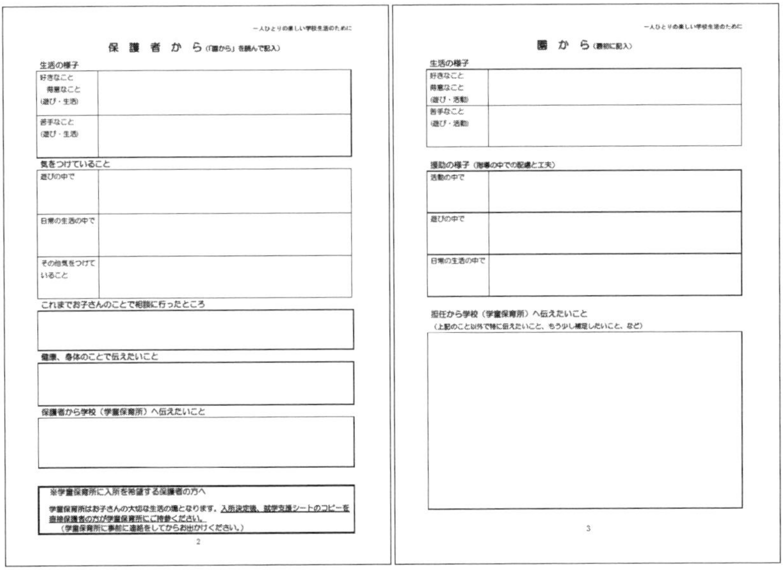

図 8-1　就学支援シート（八王子市公式 HP より）

作成することができます。これも大きな保護者にとっての自立支援になります。

(3) 保護者が学校とよいコンタクトをとる・学校で味方を見つける

　就学前の子どもを持つ保護者には，保護者同士のネットワークの中で，学校に関してのマイナスの情報が入りがちであることは前述しました。そうしたものに接しているとどうしても保護者の中には学校に対する不安感・不信感が醸成されてしまいます。しかし，就学したら何よりも家庭と学校が互いに連携しながら子どもをサポートすることがもっとも大切になるわけですから，保護者はどのように学校と信頼関係を結べるかを考えなくてはなりません。

　まれに，就学したあとに保護者が療育・発達支援機関に来て学校に関する愚痴を口にすることがあります。保護者もときには古巣に戻ってホッとしたり，普段は言えないことを聞いてもらいたいことだってあるでしょう。しかし，そういったことが続くときには，愚痴に同調するのではなく，療育・発達支援機関のスタッフとして，この保護者がこのあとどのように事態に向かえるのかを考え，サポートしていくべきです。そのためには，療育・発達支援機関のスタッフ自身が学校についてよく知っており，相互に信頼関係を結べていることがもっとも大きなサポートの土台になることでしょう。学校は確かにパラダイスとは言えないかもしれません。しかし，それは療育・発達支援機関でも同じことではないでしょうか。療育・発達支援機関の職員が，学校のことをよく知らないまま，保護者からのマイナスの情報にただ同調するようなことは，保護者と子どもにとって決してプラスにならないと思います。

　学校の担任の先生に理解していただけないことは，子どもと保護者にとって大変苦しいことです。しかし，それは担任の先生に，必要な情報が適切に伝わっていないためもあるかもしれません。また，学校には，養護教諭，スクールカウンセラー，スクールソーシャルワーカー，特別支援教育コーディネーター，学年主任の先生など，担任の先生以外にも味方になっ

てくれ，一緒に考えてくれる可能性のあるひとたちがたくさんいます。療育・発達支援機関の職員は，保護者に対し，適切にアドバイスをおこない，必要な場合には学校との調整役として機能することが求められます。そのためにも，機関全体として学校や教育委員会とのパイプを作り，チャンスをとらえて交流を深める努力が必要です。

第**9**章

他機関連携と地域支援

　子どもと家族を支援する機関は，療育・発達支援機関だけではありません。発達支援を担っているひとや機関は地域にもたくさんありますし，子どもと家族の支援ニーズは，子どもの発達支援だけではありません。子どもと家族の，より強力な支援者であるためにも，そして地域に開かれた機関であるためにも，地域との連携を常に考えていきたいものです。

1　インクルーシブな地域作りを目指して

(1)　どのようなシステムがあるのか

　地域連携のためには，そもそも療育・発達支援機関が，子どもと家族の歩む長い道のりの中でどのような役割を果たすのかという，全体を俯瞰する視点が必要です。図Aと図B（図9-1，9-2）は，「障害児支援の在り方に関する検討会」が出した調査報告の「今後の障害児支援の在り方について～発達支援が必要な子どもの支援はどうあるべきか～」参考資料（2014年7月）です。図のAが縦の連携，つまり子どもと家族のこれから歩む道筋に登場する機関やサービスと，その中における障害児支援の立ち位置を表したものです。図のBは，横の連携，つまり今現在子どもと家族を取り巻き，支援する地域支援体制の構図と，その中での療育・発達支援機関の

第9章　他機関連携と地域支援

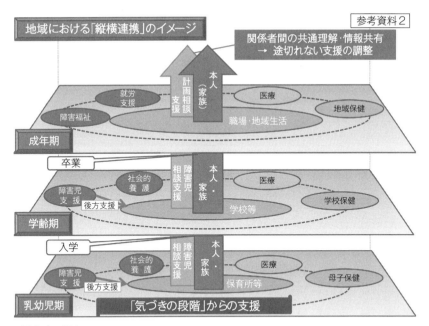

図9-1　図A

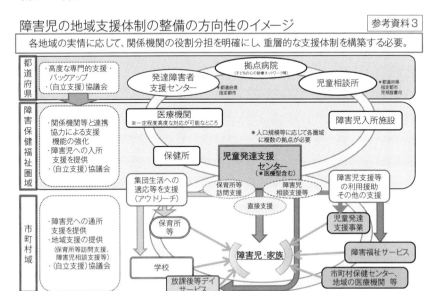

図9-2　図B

立ち位置を表したものです。

　かつて，成人の障害者と言われるひとたちが，箱物と呼ばれる入所施設から地域生活への移行が進められてきたように，障害を持つ子どもも，通所施設や入所施設で支援することだけではなく，その子どもと家族が地域で当たり前の生活を営むことをどのように支えていくのか模索が続けられてきました。そうして近年，そのための制度が次々と制定されてきました。

　① 保育所等訪問支援

　そうした制度の中で，療育・発達支援機関が担えるもっとも利便性の高い制度が保育所等訪問支援でしょう。これは，療育・発達支援機関の職員が，保護者からの要請でその子どもが通っている保育園・幼稚園・こども園，学校等を定期的に訪問し，日常生活の中で子どもに対して個別の支援をしたり，保育者や教師に対してアドバイスをしたりできるものです。自治体によっては，この制度ができる前から保育園や学校等に専門家を派遣し，子どもの行動観察と保育者や教師に対するコンサルテーションをおこなうシステムを持っていましたが，それらのシステムとこの保育所等訪問支援が決定的に異なるのは，保護者の要望でおこなわれることと，子どもへの直接支援が園や学校内でできるという点です。この制度は，受給者証が交付された子どもであれば利用料を支払うことで誰でも利用可能です。療育・発達支援機関の修了生や並行通園の子どもたちも利用可能なため，その子どもを中心とした，より有効な機関連携にも用いることができます。

　この制度のほかにも，発達障害の早期発見・早期支援のために，専門員が子どもが通う施設や健診など子どもが集まる場所に出向いて保護者やスタッフに対してアドバイスする「巡回支援専門員整備事業」や，都道府県に委託された事業所が施設や家庭へ訪問できる「障害児等療育支援事業」等があります。ただ，これらの国で定められた制度が有効に活用されているかとなると，専門家や事業所の不足や制度・事業の周知不足によって，まだまだといわざるを得ません。むしろ，自治体や療育・発達支援機関が，その地域のニーズに応じて独自に作り上げてきたシステムが中心になっていることも多いようです。

② （自立支援）協議会

2006年の障害者自立支援法の施行により，地域における障害福祉の関係者による連携および支援体制に関する協議をおこなう「地域自立支援協議会」の設置が自治体に対して促されてきました。現在は，障害者総合支援法により「協議会」と位置付けられており，専門部会のひとつに，多くは子どもの支援を検討するための「子ども部会」が設置されています。療育・発達支援機関は，こうした地域の協議会の一員としても，地域の障害福祉の担い手として機能しています。

(2) 療育・発達支援機関の一員として地域に出るときに

ここでは，療育・発達支援機関の一員として地域の関係機関と連携するときの留意点について，特に保育園・幼稚園にコンサルテーションのために訪問する場面を想定して整理していきたいと思います。なお，コンサルテーションとは，療育・発達支援機関の職員と園の保育者という，異なる専門性を持つ者同士が対等な立場で協働しつつ問題解決していくことを指します。

① 自分の立場と役割を明確化する

たとえば，あなたが保育園から直接に「この子どもを見に来てほしい」と言われたときと，保育所等訪問相談のように保護者の意向で訪問するときと，並行通園している子どもが園で不適応を起こしたり，保護者と園が対立しているときに調整役として出向くときとでは，あなたと先方との関係性や期待されている役割がまったく異なることは明白です。つまり，自分は誰から何を要求されており，どこまで踏み込んでよいのか等をよくわきまえておくことが肝要になります。

② 子どもとともに先方の機関をアセスメントする

まずは，対象となる子どもの日常生活の中でのアセスメントです。その際にも，生来的に持っている力や特性は何か，その力を現在の環境や活動の中で発揮できているか，発揮できないために環境との軋轢が起こってい

ないか，またそのために子どもが誤学習していないか等の視点で見ます。そして，子どもを取り巻く環境のアセスメントです。室内，室外の物理的環境，子ども同士の関係性，クラスの特徴や雰囲気，提供されている活動，時間の流れ，保育者の対応などです。保育者と話をするときには，保育者の保育観・子ども観・障害観や，この子どもと保護者への思い，何が問題だと感じているか等を読み解いていきます。また，園全体の保育観，職員体制，職員間の関係性も見ます。場合によっては，園長など管理職が当の保育者に問題があると考えており，外部の専門家に問題を指摘してもらうことを希望することもあります。

③ 全体の問題の構造を分析する

こうして，その「問題」を取り巻く関係者それぞれの考えや期待を整理した上で，本質的な問題の構造を分析します。たとえば，保護者が子どもの立場で先方の園に主張してきてほしいと願ったり，園長が保育者に対して問題点を指摘してほしいと望んでいることが明らかになったとして，そういった主訴にそのまま応えることが，コンサルテーションの機能ではありません。むしろ，問題をこじらせてしまうことさえあります。ですから，どうしてそのようになってしまっているのか，その根本を分析して明らかにしていくことが必要です。

④ 先方の文化や専門性をよく知っていること

コンサルテーションが異なる専門性を持つ者の協働であるなら，お互いの専門性についてよく知っていることは大前提になります。また，コンサルタント（この場合は療育・発達支援職員）がコンサルティ（この場合は保育者）の業務の大変さと貴重さを知っていることも重要です。そうでないと，保育者にはわかりにくい説明をして，保育現場ではできそうもないアドバイスをするなどの問題を起こしかねません。園は療育機関ではないためできないこともももちろんあります。しかし一方で，園生活で子どもの発達支援としてできることもたくさんあります。むしろ，療育・発達支援機関にはできないこともあるでしょう。保育者というのは，子どもの専門家ですから，その専門性を生かして園でこそできることを一緒に検討して

いくことが求められます。

⑤ 先方の機関やひとをエンパワメントする

療育・発達支援機関の職員が保育者から「よいアドバイスがもらえた」と感謝されるのはよいことかもしれませんが，発達が気になる子どもがいるたびに，保育者が「自分たちではわからないから専門家を頼ろう」という発想になってしまうことは，保育者にとっても子どもにとってもプラスにはなりません。「専門家」への依存を強めるのではなく，コンサルテーションは，保育者が自分たちの力や専門性を感じたり，自分たちでもできると希望が持てたりすることを目指すものなのです。

⑥ インクルージョンを目指す

筆者が最初に学校にコンサルテーションに入ったとき，その対象は3年生のダウン症の女の子でした。特別支援学級に移行することを勧める学校と，通常学級で学ばせたい保護者が対立構造になり，保護者が筆者のいる機関に助けを求めてきたのです。学校と保護者と筆者との話し合いは平行線をたどった挙句，あるとき学級の担任教師が「この子がいるとうちの子（学級のほかの子どもたち）がかわいそうです！」と言ったのです。

現実にこの女の子にとって通常学級で学ぶことと特別支援学級で学ぶことのどちらがよかったかは，さまざまな考え方があるでしょう。しかし，コンサルテーションに入る以上，少なくとも担任の教師にその女の子を「うちの子」と感じてもらえることが最初に目指されるべきであったと思います。その上で，うちの子であるこの子にとって何がよいのかを，学校と保護者が協力して考えていく体制を整えるべきでした。その入り口にさえ立てずに話し合いは崩壊してしまったのです。

障害を持っている子どもを「うちの子ではない」と感じるのは，そこに排除の論理が働いているからです。しかし，そうした論理を責めていても仕方ありません。「この子さえいなければ」と感じてしまう当の教師や保育者自身もそのためにものすごく苦しんでいるのです。ですから，コンサルテーションとは，関係者にとって対象児が「うちの子」と感じられるように，排除の論理ではなく，その子の視点を持って関係者一同が考えられ

るようにもっていくことが究極の役目だと思います。

⑦ 「違い」を大切にする

他機関であれ，他職種であれ，自分と違う視点や経験や知識を持つひとたちと連携していくのですから，「違い」があることは当たり前です。違うからこそ他機関連携の意義があります。他機関連携がうまくいかないとき，往々にして「違いを埋めよう，なくそう」という意識が働いたり，「違い」に感情的に反発することが見られます。「違い」をなくすのではなく，「違い」から学び，「違い」を生かしてより豊かで有機的な支援体制を作ろうとする姿勢が必要です。

2 地域の他機能の機関にアクセスする

療育・発達支援機関は，発達支援が機能の中心ですが，利用するひとたちのニーズは発達支援だけとは限りません。もちろん，そのすべてのニーズに応えることはできませんが，少なくとも次の2つの問題に関しては，療育・発達支援機関の機能の範囲を越えているとはいっても積極的に地域の他の機関にアプローチしながら対応していく必要があります。その2つとは，子ども虐待と保護者の精神的不調です。

(1) 子ども虐待への対応

第7章で述べたように，子どもの持つ発達の特性や障害は，適切な支援がない状況の中で容易に虐待のリスクになります。また，発達障害からくる行動障害だと認識されていたものが，実は虐待によるものだったということが明らかになることもあります。子ども虐待と子どもの障害は切っても切れない関係性があるのです。

「虐待というものは，それに関わったひとも虐待されるものである。」これは長年虐待対応をある自治体の中心になっておこなってきた保健師さんから教わったことばです。それほど，虐待という事実は，その疑いがある

ときから，それに関わるひとを傷つけるものです。療育・発達支援機関の機能のひとつは子育て支援ですから，そもそも虐待がおこらないように予防することが仕事なのですが，それでも起こってしまったとき，起こっているのではないかという疑いがあるときは，子どもの安全に直結することなのですから，専門機関との速やかな連携が必要です。と同時に，虐待に対応する職員の精神衛生を守るために，機関全体で支えていく意識が求められます。

　2004年の児童虐待防止法の改正により，自治体に要保護児童対策地域協議会が設置されました。これは，地域の保護を要する子どもに関わる関係者・関係機関が一堂に会し，必要な情報交換をおこない，地域の虐待防止と早期発見・早期対応のシステムをつくりあげていくもので，一般的には療育・発達支援機関もこの協議会の一員になっています。こうした会の存在により，地域全体での見守りや支援者のサポート体制が作られています。

(2) 保護者の精神的不調への対応

　子どもに障害があることの受け入れがたさやそれに伴うさまざまな葛藤により，保護者が精神的な困難を抱えることは決してまれなことではありません。また，保護者の精神的困難はそのまま子どもの安全に直結します。療育・発達支援機関に通い始めたからといって，子どもの障害に対する葛藤から自由になったわけではまったくありません。むしろ，療育・発達支援機関に通い始めたときがある意味，子どもと保護者の長い長い葛藤や試行錯誤の始まりかもしれません。療育・発達支援機関とはいってもそうした葛藤を解決してあげられる力をほとんど持ちません。機関は，そうした保護者に対してさまざまなチャンスを設定して，保護者の力を信じながら寄り添っていけるだけです。ですから，そうした支援体制の中で，保護者の状態が自分たちだけでは支えきれない状況であると判断されれば，遅滞なく，より専門的な力を貸してくれる機関やひとと連携していくことが求められます。具体的には，地域の保健センターの保健師は，家族のアセスメントや家庭訪問などのアプローチのほか医療機関へのつなぎにも専門性

を発揮してもらえる専門職です。また，子どもの安全や健康に支障が出ることも考えられますから，地域の子ども家庭支援センター，児童相談所にもつないでいきます。保護者の精神的不調は，そのまま生活が成り立たなくなったり，経済的困難にもつながる可能性がありますから，福祉事務所などの地域の福祉関係の機関ともつながっていく必要が出てきます（第3章「社会福祉士」を参照）。

　保護者の精神的不調や不安感に関係機関が巻き込まれる事態も起こり得ます。事例を見ていきましょう。

［事例］　Aさんは子どもを最初に療育・発達支援機関に連れてきたとき，担当職員に対して，並行通園している保育園で子どもが虐待を受けていると告げた。ところが職員が虐待の内容を聞いても，Aさんの話の内容には理解しにくい点が多く，また子どもには特にあざなども見当たらなかった。Aさんの様子とその話の内容から，Aさんに精神的な不安定があり，それにより関係者同士が混乱に陥る危険性があることを察知した職員は，Aさんに了承を得て，保育園と地域の保健センターの保健師とに連絡を取り，保健師とともに保育園に出向いた。最初は話の内容からガードの硬かった保育園園長だったが，職員が関係者間の連携を固めた上で，Aさんの言動によってお互いに疑心暗鬼にならないようにするために来園したこと，今後も適宜連絡を取り合いたいことを伝えると，ようやく安心した表情を見せた。その後もAさんの精神状態は振れ幅が大きく，そのたびにほかの機関に対する強い非難が出てくるが，関係者間で連携を取りつつ，そのときどきで必要な支援体制を組んでいった。

　Aさんは独特の認識の仕方を持ち，現実を歪めて受け取る特徴がありましたが，そうでなくても，不安や不信から関係するほかの機関に対する不満を口にする保護者は多いものです。しかし，そうした言動から療育・発達支援機関の職員がほかの機関に対して不信感を抱いたり，疑心暗鬼に陥ることは何の役にも立ちません。むしろ，保護者の不信感がどこから来るのかを理解するためにも，当のその機関と連携する姿勢が求められます。もしどうしても改善してほしい点があるとすれば，保護者がどうしたら主

体的に当の機関とコンタクトをとれるのか，それを自分たちはどのように後押ししたり関係調整できるのかを検討すべきです。なかなか当の機関に対してものを言えず，ほかの機関で不満を述べている保護者は，実はその不満を聞いてもらっている機関にも不満があり，それを別の機関に聞いてもらっている可能性も高いのです。かげで不満を言うのではなく，その不満をどのように解決することができるのかを考えることが支援になります。

(3) 守秘義務と保護者の主体的なネットワーク作りに向けて

　自治体がおこなっている巡回相談システムは，機関支援という意味合いが大きく，一般には園全体の保護者の許可を取らずにおこなわれることが多いですが，保育所等訪問支援や並行通園児を中心とする機関連携は，機関の職員として守秘義務が発生することを忘れてはいけません。園と連携をとってほしいという保護者であっても，たとえば家庭内のいざこざがあり，そのことを機関職員には話していても園には知られたくないなどがある場合も多いのです。どういう情報なら交換できるのか，できる限り保護者と確認できるとよいと思います(注)。

　他機関連携は，子どもと保護者の支援のため，地域支援のためには欠かせないものですが，他方，保護者が今後主体的に地域の他機関に関わっていくための道作りであったり，モデルにもなり得ます。そのときに，自分と子どもに関する情報は自分で守ることができ，自分で使えるのだという意識を保護者が持てることが重要です。自分たちの情報がほかの機関に知らないうちに伝わっていると保護者が感じられるような事態は，個人情報保護法違反でもあり，保護者の主体性を大きく奪います。

　保護者が自分たちの情報を適切に使うことに有用なツールもあります。第8章に出てきた就学支援シートもそうですが，自治体によっては子どもが小さいころからどのようなことがあり，どのような機関で何を言われ，どのような支援を受けて来たかといった重要な情報のポイントを整理して

注：虐待につながる情報の場合は，保護者の許可なしに情報交換できることが定められている。

おくためのサポートブックを作っているところがあります。保護者は，さまざまなところで自分と子どもの話をすることを求められますが，そうしたときにもこのサポートブックを使うと的確に正確な情報を伝えることができます。自治体になければ，機関が独自に作っても保護者が自分で作成してもよいですし，民間で作っているものもあります。
　他機関連携は子どもと保護者を置き去りにしてしまったり，保護者が関係すべき機関とのコンタクトを，療育・発達支援機関の職員に丸投げしてしまうものになってはならないと思います。保護者と子どもを地域で支援できる機関があることを保護者が知り，主体的に地域にコンタクトし，ネットワークを作っていけることを目指す支援なのです。

第10章

おわりに
——定型発達児も視野に入れた療育・発達支援のために

1　一人一人が違うことが前提の発達支援

　近年，ノーマライゼーションの具現化として発展してきたインテグレーション（Integration）はインクルージョン（Inclusion）へと進展しつつあります。インクルージョンとはエクスクルージョン（Exclusion：排除）の反対で，「排除しない」「どのひとも受け入れる」という意味で「包括」と訳されたりします。インクルーシブな社会とは，いろいろな違いのあるひとが包み込まれ共に生活することができる社会ということになります（図10-1）。
　療育・発達支援においてもこのインクルージョンの理念に基づき，子どもたちを「違い」によって「分ける」という理論ではなく，「多様性」を前提に，違いがあるからこそ豊かに育ちあえるとの考えに基づき，子どもたちを支援していくことが求められます。「分ける」「分けない」という意味は，単純に子どもが支援を受ける場の違いを表しているわけではありません。一人一人に違いがあることを前提に，それぞれの違いに適切に対応し，一人一人の発達を保障することができる支援の内容を示しています。
　すでに療育・発達支援機関の一員として地域の保育園・幼稚園と連携するときの留意点について述べました（第9章参照）が，この最終章では，今後の展望として療育・発達支援機関におけるインクルージョンの考えに

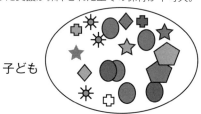

- インクルージョンとは子どもは一人一人ユニークな存在であり，違うのが当たり前であることを前提として，すべての子どもを包み込むシステム。
- インクルーシブ保育においては一人一人のさまざまなニーズに適切に応じた支援が保障された上での保育が不可欠。

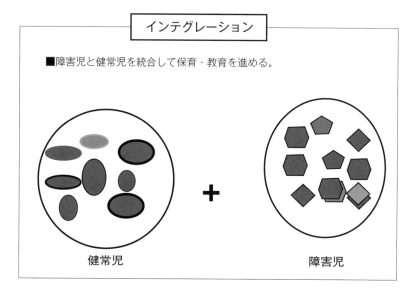

図 10-1　インクルージョンとインテグレーションの違い
　　（岡本，2018 より筆者作成）

基づいた療育・発達支援のあり方を考えます。そのために，ここでは，インクルーシブ保育に関わる専門職としての発達支援の視点を定型発達児の育ちも視野に入れて整理します。

2 インクルーシブ保育を支える療育・発達支援機関の役割

　近年，障害のある乳幼児が地域の保育園・幼稚園を希望する割合が多くなってきて，インクルーシブ保育を目指す現場が増えています。現在厚生労働省と文部科学省は，保育，教育の現場にインクルーシブ教育の理念の現実化を求め，そのためにすべての子どもに個々に必要な幼児教育を保障することが不可欠であることを公的に認めています。しかし，現実的には障害のある子どもは，発達に多種多様なニーズがあるので，保育者の多くがその対応について不安や葛藤を抱え，障害のある子どもの支援に自信が持てない状況にあることも否めません。保育園・幼稚園に在籍している障害のある子どもの中には，集団に適応することが苦手な子どもが多く，そのような子どもを目の前にすると保育者は，うまくできないことが気になり，そのことを修正しようとする関わりに終始しがちになります。しかし，その結果，子どもの不適応行動は複雑化し，エスカレートして，ますます関わりが難しくなってしまうことが見うけられます。保育者は子どもに一生懸命に関わってもうまくいかず，自信をなくしたり，時として子どもを受け入れられない自分と直面して自己嫌悪に陥ったりすることもあります。このような保育の現状は，インクルーシブ教育理念の実質化を目指すためには，大きな課題のひとつとなっています。

　児童発達支援センターや児童発達支援事業は，基本的には就学前の子どもたちが通所するところです（第1章参照）が，子どもが保育園などとの並行通園をおこないながら決められた日に療育を受けることや，子どもが毎日通っている幼稚園・保育園等で専門職の個別の療育を受ける事業，地域の保育園・幼稚園などがコンサルテーションを受ける事業等もおこなっています（第8章参照）。前述したようなインクルーシブ保育の現状にお

いては，発達支援センターや児童発達支援事業所には，療育・発達支援の専門機関として，その機能を活かし，保育園や幼稚園での子どもの過ごし方をより意識した療育・発達支援をおこなうことが今，強く求められています。

3　インクルーシブ保育に関わる専門職としての支援の実際

(1)　インクルージョンの理念に基づく発達支援についての共通理解を持つ

　インクルージョンの理念では，子どもは，皆一人一人違うことが前提であり，どのような子どもの状態であろうと，地域社会の中で一緒に育つことが望まれるということは前述しました。それでは，そのためにインクルーシブ保育においてはどのような発達支援をおこなっていくことが求められるのでしょうか。第1章で述べたように，子どもの状態により，一律にこうでなければならないということではありません。しかし，少なくとも，インクルーシブ保育に関わる療育・発達支援機関の一員としては，障害のある子どもを「普通の子ども」に近づけるためではなく，その集団に所属するすべての子どもがその子どもらしく，持っている力を，あるいは学習した新たな力を環境の中で安心して発揮しながら生活して主体性を育てることを目指すことを保育現場の保育者と，共通に理解しておく必要があります。

　インクルージョンの理念に基づく発達支援についての共通理解は，実際におこなう子どもへの支援と子どもの姿を通して深まっていきます。次からはインクルーシブ保育における具体的な発達支援の実際について考えていきましょう。

(2) 保育園・幼稚園の場での有効な発達支援について保育者と共に模索する

　先に述べたように，保育現場では保育者が子どもの表す不適応行動の背景を理解して適切に対応できず，保育者も子どもも葛藤を抱えてしまうことが多く見うけられます。その場合に，療育・発達支援機関の職員が障害のある子どもの専門家として求められることは，障害のある子どもについての一般的で一方的な助言ではなく，実際の保育の現場でおこなわれている困っている子どもへの保育者の対応について，保育者と一緒に悩んだり，喜んだりしながら，具体的な方法を模索することです。保育現場で不適応行動を示している子どもについて，保育者から日頃の様子を聞いたり，あるいは保育場面や個別療育場面で子どもの様子を観察したりすることで，不適応行動の背景を理解して保育者に説明をします。その仮説に基づいて保育者が実際保育をおこない，その結果に基づいて次の支援法を検討します。このようなやりとりを保障するためには，単発の関わりではなく，継続的で定期的な連携が必要になります。療育・発達支援機関の専門職は，そのような連携の中で保育の専門家である保育者とのやりとりを通して，インクルーシブ保育の実際を知り，子どもについての理解を広げ深めていきます。療育・発達支援機関には，そのような連携を支える制度の実質化が求められています。

　ある幼稚園で心理士との話し合いを繰り返しながら，保育者が自閉スペクトラム症の子どもにおこなった発達支援の事例を紹介します。

　[事例]　A男は年中組になりクラス替え後，登園渋りを始めた。玄関で母親に抱きつき，泣きわめくこともあった。そこで，毎日保育者は玄関まで迎えに行き，母親と離れた後，A男と2人きりで図書室や，静かに話ができる場所へ行き，<u>クールダウンの時間を設けるようにした</u>。A男は，「悲しかった」「ママがいい」「本当は僕がこうするんだったのに」と，感情が断片的に出てくる特徴があったため，<u>A男の話を聞きながら小さなメモ帳にA男の気持ちを書きだし，「本当は自分がこうするつもりだったけど，ママがこうして，悲しくなってしまったんだね」と，気持ちの整理ができるようにした</u>。話をし

た後は，そのメモした紙を一緒にごみ箱へ捨て，「嫌な気持ちにさようなら」，と話に区切りをつけることで気持ちの切り替えをすることができた。
　このようなやりとりを繰り返す中で，少しずつ自分の気持ちに区切りをつけたり，気持ちの整理ができるようになってきたＡ男は，自分でクラスに来ることができる日々も多くなった。しかし，父親と登園した日や，その日の気温が低いなどちょっとした変化があると気持ちが崩れやすく，保育者が玄関に迎えに行くことは卒園まで続いた。
　クラスへ移動した後は，友達の動きや周囲の状況が気になり，身支度に気持ちが向かないことがあった。初めのころは，保育者が身の回りのものの片付け方を示して見せる日々が続いた。少しずつ片付け方がわかってきたＡ男に対して，自分で片付けができるように，「鞄と水筒どっちを片付ける？」と選択するように声を掛けると，「今日は鞄にする」「今日は水筒だけ」と自分で選んで，片付けをすることができるようになっていった。
　次第に身支度がひとりでできるようになってきたＡ男だったが，その日の気分によっては身支度が全くできないということもあった。そこで，言語による指示が入りにくいといった自閉スペクトラム症の特徴も踏まえ，Ａ男が視覚的に順序立てて身支度ができるようにスケジュールカードを使用することにした。初めは，ひとつ片付けるごとにカードを剥がすことを喜んでいたＡ男だったが，何日かするとカードへの関心が薄くなり身支度をすることができないことが多くなった。
　そこで，Ａ男の朝の様子について再度観察することや，心理士や他の職員でケース会議をし，なぜ気持ちが向かないのか，どこに難しさがあるのか考える機会を設けた。Ａ男は，気分が乗れば自分で片付けることができることから，身支度に関する能力は持っているものの，登園時の様子は，ぼーっとしていることや，周りの子どもの動きに視線を奪われることが多く，集中して片付けること，片付けの作業を連続しておこなうということが難しい様子だった。Ａ男が身支度に関してモチベーションを高くできるように，時には保育者が手伝うようにすること等，職員でアイディアを出し，次の支援を考えていった。このようなＡ男に合わせて，次に取り組んだのは，身支度にかかる時間をストップウォッチで計測し，表に記入することだった。数字が読めるＡ男は，その日その日ごとに時間が短くなることがうれしくなり，毎日

第10章　おわりに

```
①登園時の姿
○ 玄関で母親と離れることが難しく，母親に抱きつき，泣き叫ぶ
      ↓
○ 玄関まで迎えに行き，担任と2人だけになれる場所（図書館や応接室）へ移動

○ A男の気持ちを聞きながら紙に書きだし，気持ちの整理が出来るように援助
  （視覚的に分かりやすいように図も交えて）
```

```
      ↓
○ 気持ちが落ち着いてきたら，書きだした紙をゴミ箱へ捨てる

○ このような関わりを繰り返すことで，次第に自分で気持ちの整理をしてクラス
  に来ることが出来るようになった。
○ 父親との登園や，気温が低い日は登園時に気持ちが崩れやすく，玄関への迎え
  は卒園まで続いた。
```

図10-2　A男の気持ちを落ち着ける方法
　　　　（宮本香奈美，2017 モンテッソーリ協会全国大会）

《ストップウォッチでタイム計測》

○ 身支度に掛かる時間を計測
○ 数字が読めるA男は，時間が短くなることに喜びを感じる

○ 時間を短くするためには…

・一つ一つの片付けが出来る
・次に何をするか考える
・気持ちを集中する

○がつ○にち	2ふん35びょう
○がつ○にち	2ふん15びょう
○がつ○にち	2ふん11びょう
○がつ○にち	1ぷん59びょう
○がつ○にち	1ぷん50びょう
○がつ○にち	1ぷん48びょう

○ 一連の作業を集中して行えるようになった。
○ 年長になると，自分で荷物の片付けが出来るようになり，
  着替えも一人でできるようになった。

図10-3　A男が主体的に身支度をするための工夫
　　　　（宮本香奈美，2017 モンテッソーリ協会全国大会）

喜んで身支度をするようになった。時間を短くするためには，ひとつひとつの身支度を自分ですることだけでなく，作業の移り変わりの部分で次にどれを片付けるか考え，気持ちを集中させることが必要となり，A男は自然と身支度に集中していくことができた。

年長になると，荷物の片付けや，着替えに関しての援助はほとんど必要がないくらい，自分でできるようになり，気分が乗らない場合であっても少し声を掛けるだけで身支度を済ませることができるようになった。

この事例では下線を引いた部分が，心理士と担当の保育者が話し合って支援方法を決めたことを表しています。話し合ったことを基にこの幼稚園では園内で協力体制を作って，担当保育者がやり方を工夫し，園全体で発達支援をおこないました。療育・発達支援機関の役割は障害のある子どもの支援を通して，保育園・幼稚園の保育の質を現場の保育者が自ら高めていくことの支援でもあると実感した事例でした。

(3) どの子どもにとっても問題解決をして自立的に過ごせる環境を準備する

第6章で，不器用なことが影響し，いろいろな場面で失敗して傷つくことが多く，自己肯定感を持つことが難しい子どもについて，うまくいかなかったときに問題解決しやすい環境を整えることの必要性を述べ，具体的な方法を説明しました。子どもの状況によって方法や配慮の量の多少はあったとしても，障害の有無にかかわらず，このような環境の準備についての考え方は，どのような子どもにも大切な視点になります。

筆者にそのことを教えてくれた保育園の年長児のBくんのお話をしましょう。

[事例] Bくんは，いわゆる定型発達児と呼ばれる子どもである。私は障害のあるCくんとBくんと一緒のテーブルで給食を食べていた。その日，Cくんの機嫌が悪くて感情や行動のコントロールがうまくいかず，Cくんの手がスープの食器に当たってスープがこぼれ，Bくんの洋服が濡れてしまった。

私はその瞬間「あ〜やってしまった。Bくん怒るかな？」と思ってしまった。

でも，私のその思いは的外れだったことにすぐに気づかされた。Bくんは洋服が濡れた次の瞬間すぐに立ち上がり，動揺している様子もなく子ども用の台布巾を取りに行き，机を拭いて，汚れた布巾を入れるバケツに入れました。そして自分のロッカーに行き，着替えをして汚れ物を袋に入れて，何事もなかったように自分の席に戻ってきた。

Bくんにとっては理不尽なことなので怒ってもいいことなのに，無理に感情を抑えている様子もなかった。私が障害のあるCくんと一緒にスープをこぼしたことをあやまったが，「うん」といって何事もなかったように食事を再開し，私ともいつものように会話を楽しみ食事を進めた。

私はそのBくんの様子から，彼にとってその出来事は，私が「あ〜やってしまった」と思うほど，「あ〜やられてしまった」という出来事ではなかったのだと思いました。それは，Bくんはスープがこぼれたときの解決方法を知っていて，その一方で解決できる環境が整っていたからです。問題が解決できるということは人格形成に影響すること，自分の心にゆとりができて，人の失敗にも寛容になれることを改めて学びました。インクルーシブ保育においては特に重要な視点であると思います。

(4) 子ども同士をつなぐ保育者の役割を理解する

第6章で療育・発達支援機関での保育者の役割のひとつに，子ども同士の育ちあいを信じて，子ども同士のコミュニケーションを支え，子どもの相互関係を深めていくことがあると説明しました。これは，保育園・幼稚園においても同様に重要な保育者の役割です。しかし，実際には共に過ごす子どもの状態像の違いが大きいインクルーシブ保育の場での子ども同士の関係調整は，大切ではありますが難しいことであることも，療育・発達支援機関の職員は理解しておく必要があります。

ここで保育園・幼稚園で子ども同士をつなぐ保育者の役割の実際について説明します。

① 子どもの価値観の構築を支える

おとなは，障害児者と出会ったときに「違い」への対応で関わることが多く，偏見を持ちやすい傾向があります。そうならないように頭で作業しますが，しかし，年齢の低い子どもは，「同じクラスの○歳の○○ちゃん」というように「同じ」から入り，その後「違い」に気がついていきます。違いがあっても「同じクラスの〜ちゃんは僕とここが違う」というとらえ方をするので偏見になりにくいため，年齢の低い時期に出会うことは価値観の構築に大きく影響します。

年齢の低い子どもは，「よだれが汚い」「食べ方が下手」など，障害のある子どもの状態を目で見て感じたまま言語化することがあります。そのような発言に対して，おとなは焦りがちですが，「お花がきれい」「トイレはくさい」と同じレベルでの発言で深い意味はないので，筆者は，障害のある子どもと出会ってまもない年齢の低い子どもが汚い，いやだと感じる心を頭ごなしに否定してはいけないと思っています。なぜなら，そこでその子について感じたり考えたりすることをやめてしまうと，関係の継続が難しくなり，関係の中で学ぶ機会をなくすことにつながるからです。説教したり，注意したり，ことばだけでおとなの考えを押し付けたりするのは避けたいことです。汚い，いやだと思うところがある子どもに，大好きな保育者がどのように関わっているかを見せることが大切だと思います。よだれが出ている子どものよだれをふいて，「さっぱりしたね」と声をかける保育者の姿や，うまく食べられなくて汚くなった手を一緒に洗いに行って，「きれいになって気持ちいいね，良かったね」と微笑んで話しかけている保育者の笑顔を子どもは見ています。感じるものがあるのでしょう。ことばで伝える以上に影響が大きいと思います。

しかし，相手のできないことを馬鹿にしたり，人格を否定したりするような「いじめ」につながる可能性のある言動は見逃してはいけません。そのような言動をする子どもには，必要な配慮をしながらとことん向き合うことが必要です。

② 子ども同士の関わりの起点をつくる

3歳ぐらいの子どもは秩序の敏感期であり，決まったこと，学んだこと

をその通りにおこないたい時期です。「先生がお話しするときは静かにする。お友達とは仲よくする。お友達のものは黙って取ってはいけない。お友達が作った物を壊してはいけない」ことを学びます。自分がその通りにできるかどうかは別として、まわりにはそのことを強く求めます。

　その時期の子どもたちにとって「突然大きな声を出す。物を壊す。お友達への関わりが乱暴」などの障害がある子どもたちの様子は、彼らの秩序感では理解できない、受け入れられないことがあるのも当然です。「怖い。いやだ」と感じる心も受け入れながら、その理解できない子どもであっても大好きな先生が楽しそうに遊んでいる姿を見せると素直な子どもたちは必ず寄ってきます。その場で何とか子どもの感じ方を変えさせ、直接的な関わりを持たせようとあせらず、時間をかけて計画的に保育者から子ども同士の関係へ移行していきましょう。

③　子ども同士の関わりを発展させる

　子ども同士の関わりを深めていくために、障害のない子どもが障害のある子どもの世話をするという関係のみで子どもをつなげようとする傾向にある保育者の意識を変えることが求められます。障害の状態や特性によって実質的にそのような関係であっても、そのことを通して互いに育ちあっていることを忘れてはいけません。また、保育者は、直接的に世話をする優しい子どもは評価しやすいことも知っておく必要があるでしょう。子ども同士の関わりを発展させるためには、保育者は直接的に関わっている子どものみならず、障害のある子どもへの思いを間接的に表している子どもの存在にも敏感に気付き、適切にフィードバックできるような意識を常に持っておくことが大切になります。たとえば、以下のような例があります。

　[事例]　ある日、階段をひとりで降りるＤくんを階段の上から見守っていた筆者は、階段の下からじっとＤくんの姿を見ている同じクラスの４歳児の女の子Ｅちゃんの姿を見つけた。螺旋階段なのでＥちゃんからは私の姿は見えていない。ＥちゃんはＤくんが最後の階段をポンと降りたのを見届けて離れていった。どのような気持ちでＥちゃんがＤくんを見ていたのか、真意は測りかねるが、ＥちゃんがＤくんを気にかけていたのは確かである。Ｅちゃん

を追いかけて,「Dくん,ひとりで降りられて,よかったよね」と声をかけると「うん」とにっこりうなずいていた。筆者の気持ちを表すことで,Eちゃんがくんを気にかけていたことを評価していることが伝わることを期待した。その後担任の保育者にその状況を伝え,歩行が不安定なDくんの手をつないでDくんのペースに合わせて階段を一歩ずつ降りている子どもも優しくて評価されるべき子どもだが,Eちゃんのような子どもも評価する視点を持つことの大切さを確認し,インクルーシブ保育における子ども同士の関わりについて評価の視点の共通理解ができた。

また,このような例もあります。

[事例] 衝動性が激しく多動なFくんの動きに影響を受け,クラスが落ち着かなくなり,そのクラスの刺激にFくんが影響を受けるという悪循環になっていた。ある日,担任保育者と話し合って,Fくんの活動中はFくんの行動に過剰に反応しないように,それがクラスメイトとしてFくんに今できるお手伝いであるということをクラス担任がクラスの子どもたちに伝えた。見事に子どもたちは,自分たちに今できるお手伝いを実行してくれた。Fくんがクラスで落ち着いて活動できることが増えてきたある日,型はめをしているFくんの横にいた私が視線を感じて振り返ると,部屋の離れたところからFくんを見ている年長の女の子Gちゃんの姿があった。GちゃんはFくんが正しく型をはめられると静かに拍手をしていた。私はGちゃんのその姿をみて,喜んでもらえるFくんも幸せだけど,ひとのことを自分のことのように喜べるように育つインクルーシブ保育環境の中で保育を受けているGちゃんはなんて幸せだろうと感動した。

(5) インクルーシブ保育の現実化を目指す保育者を支える

保育園・幼稚園の保育者を支えることは,一緒にチームを組んで療育・発達支援をおこなっている職員の直接的で重要な役割のひとつであると認識しています。

発達に多様なニーズを持ち集団の適応が難しい子どものいる集団を担任

保育者ひとりで運営することには限界があります。障害のある子どもに対応できるような人員の確保が難しくても，園内の保育者が皆でその子どもを育てる視点を持ち，保育者それぞれができることを，できる限り協力していくという体制をつくることは大切です。療育・発達支援機関の職員が，園での協力体制をつくるお手伝いすることは，今，集団で過ごす中で現実的に困っている子どもへの支援の強化にもなりますが，同時にその体制作りを通して，障害のある子どもへの，あるいは「共に育ちあう保育」への意識が高まり，園自体の保育力を高めることにもつながります。

　保育者は子どもの育ちを願い，日々子どものために熱心に保育をおこなっています。一生懸命やっても，障害がある子どもへの関わりやその子どもがいるクラスの運営がうまくいかず，自信をなくして自己否定したり，時として子どもが大好きで保育者になったのに，子どもが受け入れられない自分と直面して自己嫌悪に陥ったりすることもあります。そのような保育者の心情が保育に影響して，悪循環になることがあります。

　弱い自分と向き合うことが要求されるのは，保育者にとって，とても大変なことです。でも，その揺れが保育者の育ちにつながることも実感しています。インクルーシブ保育において，子ども同士だけではなく，子どもと保育者，保育者と療育・発達支援機関の職員も共に育ちあうことができたら，素晴らしいことであると思います。療育・発達支援機関の職員は，保育者の葛藤に寄り添い，子どもの示す行動の要因や子どもの困り感を保育者に伝え，共通理解し，保育者の安心・安定を支えることが求められています。その上で子どもの支援方法の提案をしていくのです。

　保育場面で実際に試行錯誤しながら継続的に実践するのは，子どもの専門家である担任保育者の役割です。子どもの専門家として，専門性の高い保育者が子どもと育ちあう姿から，療育・発達支援機関の職員はインクルージョンの視点で学ぶべきことがたくさんあることでしょう。

　インクルーシブ保育で目指している「共に育ちあう保育」とは，子ども同士の関わりが保育場面でうまくいくことにとどまらず，子どもたちが，先入観の少ない時期に，さまざまなひととの出会いと交流を通して，自分のことも，ひとのことも，存在を肯定的に受け入れることができるように支えることです。その育ちは，子どもたちがその将来，まわりのひとと支

えあいながら豊かな人生を送ることにつながります。

　障害の有無にかかわらず，子どもたちには，どんなひとも排除されず，そこで生活するすべてのひとがお互いを大切にできるようなインクルーシブな社会の中で生きてほしいと切に願います。しかし，残念ながら，わが国ではそのようなインクルーシブ社会の実現には至っていません。わが国の地域社会をインクルーシブな社会に導くことができるのは，インクルーシブ保育で目指している「共に育ちあう」という視点に他なりません。インクルーシブ保育は，インクルーシブ社会構築の担い手になる次世代の人間を育てることにもなります。

　療育・発達支援機関における療育・発達支援もインクルーシブな社会の実現を目指すものでなければなりません。なにを「障害」としてとらえるか，療育・発達支援の目指す方向をどこに定めるか，子どもや家族，一緒に発達支援をおこなうチームの仲間と「共に育ちあう」という支援者の姿勢とはどのようなものなのかなど，療育・発達支援機関の職員には，インクルーシブな視点で自分の療育・発達支援を見直すことが今，求められているといってもよいでしょう。

引用・参考文献

堀智晴・橋本好市・直島正樹（編著）(2014)．ソーシャルインクルージョンのための障害児保育　ミネルヴァ書房

岡本明博 (2018)．インクルーシブ教育と障害のある子ども・教育者　モンテッソーリ教育，50，日本モンテッソーリ協会

あとがき

　私は長年，発達障害乳幼児を中心に発達支援やそのご家族の支援に携わっていました。その中で多くのことを学び，共に育ちあえたことに感謝しています。
　このところ，私が関わっていた子どもたちが成人し，本人たちとお酒を飲んだりお食事をしたりする機会が持てるようになり，彼らが子どものころに感じていた自分の状況や気持ちを話してくれるようになりました。その内容を聞いて彼らの成長をうれしく思う一方で，当時彼らのことをわかっているつもりになっていたことを知り，申し訳ない気持ちでいっぱいになることもたびたびです。そんなときに私は，障害のある子どもの本当の理解者や応援者としての仲間を増やしたいと強く思います。
　社会の人々が当事者そのものを「障害」としてとらえるのではなく，日常生活や社会参加しようとしたときに生じる困難や活動制限，参加制約に陥った状況を「障害」として理解することで，社会が整っていくことを望みます。そのためには，障害の有無や個人や家族の背景等に関わりなく，すべての人が社会で受け入れられるソーシャルインクルージョンの理念が必要です。
　日本ではその理念の実現がいまだ難しい現実もありますが，療育・発達支援に関わる支援者が，ソーシャルインクルージョンの視点を持って子どもたちやその家族の支援に関わっていくことで，ソーシャルインクルージョンの社会の実現に近づいていくと信じています。そのような期待を持って，この本は子ども療育・発達支援についてできるだけ具体的にわかりやすく表したつもりです。この本が療育，発達支援の実践現場で，迷ったり，悩んだりして葛藤を抱えていらっしゃる実践者，また，将来発達支援の実践者を目指す人たちのためにお役に立てれば幸いです
　最後に，この本の出版の主旨を理解して，ご協力いただいた執筆者の皆様と関係機関や保護者の皆様に心から感謝申し上げます。また，出版にあたっては金子書房の加藤浩平様に筆舌に尽くせないほどのご尽力を賜りましたことをこの場をおかりして心より御礼申し上げます。

2018年8月

　　　　　　　　　　　　　　　　　　　　　　　編著者　岡本 仁美

執筆者一覧（執筆順）

市川奈緒子（いちかわ・なおこ）
編者・渋谷区子ども発達相談センターチーフアドバイザー，公認心理師
担当章：第1章1, 2, 3, 第1章4(1), (2), (3), (4), (8), 第2章, 第3章1, 第5章1, 2(4), 第7章, 第8章, 第9章

佐島　毅（さしま・つよし）
筑波大学人間系教授，視覚障害学
担当章：第1章4(5), 第3章5

高倉めぐみ（たかくら・めぐみ）
児童発達支援センター うめだ・あけぼの学園地域支援部補佐，言語聴覚士
担当章：第1章4(6), 第3章3, 第5章2(3)

久保　洋子（くぼ・ようこ）
東京かつしか赤十字母子医療センター理学療法士（非常勤）
担当章：第1章4(7), 第3章4

酒井　康年（さかい・やすとし）
児童発達支援センター うめだ・あけぼの学園　学園長，作業療法士
担当章：第3章2, 第5章2(2)

角田　祥子（つのだ・しょうこ）
児童発達支援センター うめだ・あけぼの学園 診療所所長，医師，医学博士，日本小児科学会専門医，日本小児神経学会専門医
担当章：第3章6

岡本　明博（おかもと・あきひろ）
十文字学園女子大学教育人文学部教授，臨床発達心理士，社会福祉士，精神保健福祉士
担当章：第3章7

岡本　仁美（おかもと・ひとみ）
編者・浦和大学こども学部准教授，臨床発達心理士，保育士
担当章：第4章, 第5章2(1), (5), 第6章, 第10章

編著者紹介

市川 奈緒子（いちかわ・なおこ）

渋谷区子ども発達相談センターチーフアドバイザー。公認心理師。東京大学大学院教育学研究科博士課程を満期中途退学後，障害児の小規模通所の非常勤心理士，児童発達支援センター　社会福祉法人からしだねうめだ・あけぼの学園の心理士　白梅学園大学子ども学部教授等を経て，現職。専門は，障害児心理学，特別支援教育等。
おもな著書に，『家庭と保育園・幼稚園で知っておきたい知的障害』（監修，ミネルヴァ書房，2021），『障害児保育』（編著書，ミネルヴァ書房，2020），『気になる子の本当の発達支援』（風鳴舎，2016），『発達障害の再考』（責任編集，風鳴舎，2014）など多数。

岡本 仁美（おかもと・ひとみ）

浦和大学こども学部准教授。臨床発達心理士。保育士。長崎純心大学大学院人間文化研究科修了。児童発達支援センター　社会福祉法人からしだね　うめだ・あけぼの学園保育士，有明教育芸術短期大学こども教育学科講師を経て，2018年より現職。専門は，障害児保育，インクルーシブ保育、モンテッソーリ教育等。
おもな著書に『モンテッソーリ教育用語辞典』（共著，学苑社，2006）『よくわかる障害児保育』（共著，大学図書出版，2017）『演習・保育と障害のある子ども』（共著，みらい　2017）など。

発達が気になる子どもの療育・発達支援入門
目の前の子どもから学べる専門家を目指して

2018年9月28日　初版第1刷発行　　　　　　　　　［検印省略］
2025年3月31日　初版第8刷発行

編著者　市川奈緒子
　　　　岡本　仁美

発行者　金 子 紀 子

発行所　株式会社 金子書房
〒112-0012　東京都文京区大塚3-3-7
TEL 03-3941-0111(代)
FAX 03-3941-0163
振替 00180-9-103376
URL https://www.kanekoshobo.co.jp

印刷／藤原印刷株式会社　製本／有限会社井上製本所

© Naoko Ichikawa, Hitomi Okamoto et al., 2018 Printed in Japan
ISBN 978-4-7608-3828-8　C3011